Katharina Henne & Lore Otto

Wie schmecken Frühling, Sommer, Herbst und Winter?

Katharina Henne & Lore Otto

Wie schmecken Frühling, Sommer, Herbst und Winter?

Kochen mit den Jahreszeiten

Einfach genussvoll
saisonal

KJM Buchverlag

Die Reihe

natur & KULTUR

wird herausgegeben
von Klaas Jarchow

1. Auflage, September 2019

Simrockstr. 9a, 22587 Hamburg
www.kjm-buchverlag.de
ISBN 978-3-96194-083-7

Lektorat: Kay Dohnke
Herstellung und Gestaltung: Eberhard Delius, Berlin
Alle Fotos stammen von den Autorinnen
Printed in Europe

Inhalt

Einladung
zur praktischen Entdeckungsreise

Hast du Lust auf etwas Abwechslung auf dem Teller? Möchtest du raus aus dem kulinarischen Einerlei? Wir nehmen dich mit durchs Jahr und folgen den Wachstums- und Reifezyklen unterschiedlichster Pflanzen. Wir zeigen dir den kulinarischen Reichtum, den der Lauf des Jahres bereithält, indem wir dich bei uns in den Kochtopf und über den Tellerrand schauen lassen.

Der Genuss der Jahreszeiten

Wie schön ist es, wenn draußen im Frühling das erste Grün sprießt und es wieder frische Salatblätter aus heimischem Anbau gibt. Nach der Winterruhe produzieren die Pflanzen erst mal schnell Blätter. Das ist die Zeit zarter Kräuter und Blattgemüse. Sie zergehen auf der Zunge, denn sie brauchen keine stabilen Blätter, um lange Transporte zu überstehen.

Am Ende des Frühlings bis in den Sommer hinein blühen die meisten Pflanzen und bieten uns zauberhafte essbare Deko. Im weiteren Verlauf des Sommers wachsen erst die saftigen Früchte wie Himbeeren, Erdbeeren und Johannisbeeren, aber auch Kirschen und Blaubeeren, die nicht lange lagerfähig sind, sondern frisch sofort gegessen werden müssen. Dann freuen wir uns auf die roten süßen Tomaten aus der Nachbarschaft. Unser geduldiges Warten belohnen sie mit einem vollmundigen Aroma, einer zarten Schale und großer Sortenvielfalt.

Wenn es langsam im Herbst wieder kühler wird und sich die Blätter färben, wächst bei uns der Appetit auf etwas deftigere Küche. Dazu passt hervorragend die leuchtend orangefarbene Kürbissuppe mit würzigen Croûtons. Der Herbst bietet Genüsse, die oftmals bis in den Winter oder darüber hinaus aufbewahrt werden können: Nüsse, Äpfel mit stabiler Schale, Kürbisse, Wurzelgemüse und Kartoffeln.

Im Winter ernähren wir uns dann von dem, was die Pflanze gespeichert hat. In der kahlen, kalten Jahreszeit können wir aus dem Vollen der Wintergemüse in allen Varianten schöpfen: Süße Schwarzwurzeln als Suppe mit kandierten Äpfeln, Backofengemüse mit Petersilienwurzeln, Roter Bete und Kartoffeln sowie Bratäpfel als Nachtisch. Da wird uns ganz warm – ums Herz und im Magen.

Saisonales Kochen – ganz einfach

Wir möchten mit unseren Rezepten alle unterstützen, die gern mit frischen Zutaten kochen. Indem wir bewusst auf Rezepte setzen, die einfach nachzumachen sind, sprechen wir einerseits Menschen an, die erste Kocherfahrungen sammeln wollen. Andererseits bieten wir konkrete Vorschläge für saisonale Rezepte. Nützliches Hintergrundwissen über einzelne Produktgruppen sowie Tipps und Tricks zur Zubereitung erleichtern saisonale Ernährung und den nachhaltigen Umgang mit den Lebensmitteln.

Für alle, die sich für das Kochen mit saisonalen (und zum Teil nicht ganzjährig erhältlichen) Zutaten interessieren und nach neuen Ideen suchen, haben wir einen Saisonkalender beigefügt.

Dies ist ein vegetarisches Kochbuch mit vielen

veganen Rezepten. Unsere Zutatenlisten enthalten kein Fleisch. In einigen Rezepten kommen traditionell keine Milchprodukte bzw. Eier vor; sie sind an sich vegan. Andere Gerichte können z.B. durch den Austausch von Honig mit Apfel- oder Agavendicksaft auch vegan zubereitet werden.

Wenn Eier in der Zutatenliste stehen oder Milchprodukte Hauptzutaten sind, kann man sie zwar auch durch Soja- oder andere Produkte ersetzen, aber meistens verändert sich dabei auch der Charakter des Gerichtes. Dann überlassen wir die Konvertierung der Rezepte erfahrenen Veganern und deklarieren sie »vegetarisch«.

Vier Jahreszeiten – unendliche Vielfalt

Mit diesem Kochbuch gibt es keine Ausrede mehr, das ganze Jahr über nur Salate mit Tomaten und Gurken zuzubereiten. Denn wir bieten viel andere Rohkost, die man zu den jeweiligen Jahreszeiten essen kann. Dann kann man im Sommer auch wieder in sonnengereiften Tomaten und knackigen, saftigen Gurken schwelgen.

Wir wünschen allen Leserinnen und Lesern einen genussvollen Frühling, Sommer, Herbst und Winter. Es lebe die Vielfalt!

Lore Otto und Katharina Henne

Wir widmen dieses Buch allen, die sich bemühen, diese Welt zu einem besseren Ort zu machen – besonders Lores Sohn Paul und Katharinas vier Nichten Charlotte, Josephine, Friederike und Henriette. Mögen Euch Frühling, Sommer, Herbst und Winter schmecken!

Lore & Katharina

Regional einkaufen

– nachhaltig und klimafreundlich

Die Saison der Lebensmittel ist bestimmt durch die Pflanzenentwicklung und den Verlauf der Jahreszeiten vor unserer Haustür. Gibt es gerade Freiland-Spargel aus meiner Region? Dann ist »Spargel-Saison«. Die wird im warmen Baden wesentlich eher im Jahr sein als in Norddeutschland. Für eine nachhaltige Ernährung bedeutet »saisonal« daher immer auch »regional«.

Wir achten bei frischem Obst und Gemüse darauf, dass sie möglichst kurze Transportwege hinter sich haben. Auf dem Wochenmarkt kann ich regionale Produkte daran erkennen, dass sie aus »eigener Ernte« stammen. Wenn es für unsere Landwirtinnen sinnvoll ist, auf dem Markt ihre Ware anzubieten, dann hält sich der Anfahrtsweg in Grenzen. Die meisten Supermärkte bieten eigene Regionalmarken an. Über deren Definition muss man sich aber im Internet informieren, um die Reichweite einzuschätzen.

Regionale und saisonale Ernährung ist klimafreundlich, denn sie kann auf die jeweils aktuell in dieser Gegend geernteten landwirtschaftlichen Produkte zurückgreifen und spart daher viele Transporte und eine energieaufwändige Lagerung. Außerdem kann regionales Obst und Gemüse reifer geerntet werden und enthält daher meist mehr Vitamine als die weitgereisten Alternativen. Da Obst und Gemüse über lange Strecken gekühlt transportiert werden müssen, haben z.B. spanische Tomaten einen besonders großen ökologischen Fußabdruck.

Mit der Zeit haben wir angefangen, nicht nur bei frischen Produkten auf Regionalität zu achten. Auch ein Joghurt, der in Hamburg gegessen wird, muss nicht unbedingt in den Alpen produziert worden sein. Es gibt leckere Milchprodukte, die aus der näheren Umgebung kommen und einen deutlich kürzeren Weg haben. Ähnliches gilt für Getreideerzeugnisse wie Mehl, Brot und Kekse. Schau mal aufs Etikett! Ist es eine Mühle bzw. Bäckerei aus deiner Gegend?

Bei den trockenen Komponenten unserer Zutaten (z.B. Reis oder Linsen) oder Konserven (Tomaten) kann der Transport ohne Eile erfolgen, ungekühlt und häufig per Schiff. Das geht immer mit einer besseren CO_2-Bilanz einher.

Die nächste Überlegung sollte dem eigenen Transportweg gelten. Mit dem SUV zum Einkauf zu fahren lässt den Fußabdruck des Transportweges von Äpfeln aus Neuseeland schon wieder zur Nebensache werden. Unschlagbar klimafreundlich sind die eigenen Beine und das Fahrrad. Als Hilfe für den großen Wocheneinkauf gibt's mittlerweile vom Korb und von angepassten Taschen bis hin zu Anhängern und speziellen Lastenrädern eine auf die persönlichen Anforderungen zugeschnittene Ausrüstung.

Wenn man mit eigenen Stoffbeuteln auf dem Wochenmarkt einkauft, kann man ohne Verpackungsmüll nach Hause kommen. Ein weiterer Vorteil eines Markteinkaufs ist, dass man direkt mit den Erzeugern sprechen kann. Uns hat das schon viele neue Einsichten über Obst und Gemüse beschert und dazu manches Gemüse, das wir ohne Empfehlung vielleicht nie probiert hätten. Und erfahrene Erzeuger kennen unendlich viele Tipps für den richtigen Umgang mit ihren Produkten - von der Lagerung bis zur Zubereitung.

Der Kauf von Bio-Produkten ist unabdingbar, um eine positive Landwirtschaft zu fördern. Eine ökologische Landwirtschaft erhält unsere Lebensgrundlagen wie Boden, Wasser und Luft und ist durch eine Verpflichtung zu Kreislaufprozessen deutlich ressourcenschonender als die industrielle Landwirtschaft. Wer das Futter für seine Tiere weitgehend selbst produziert, ist in deren Anzahl begrenzt. So hat er hinterher auch genug Flächen, um den Mist seiner Tiere wieder als Dünger einzusetzen.

Der Fokus konventioneller Landwirtschaft liegt auf der Förderung von Ackerpflanzen, die gezielt mit Dünger und Pestiziden kultiviert werden. Nach einer gewissen Zeit sind die Böden ausgelaugt. In der Biolandwirtschaft steht die Verbesserung des Bodens im Mittelpunkt, was im Verlauf auch ein besseres Pflanzenwachstum zur Folge hat. Längerfristig führt es dazu, dass keine Giftstoffe ins Grundwasser gelangen. Vom Ökolandbau profitieren die Lebewesen im Boden genau wie die Insekten und die von ihnen abhängigen Vögel. Die Artenvielfalt wird unterstützt.

Ernte- und Lagerzeiten von GEMÜSE in Norddeutschland

	JANUAR	FEBRUAR	MÄRZ	APRIL	MAI	JUNI
Blattsalate				☺	☺	☺
Blumenkohl					☺	☺
Brokkoli						☺
Chicorée	☺	☺	☺	☺		
Dill					☺	☺
Erbsen	☺	☺				☺
Feldsalat			☺			
Frühlingszwiebel	☺	☺		☺	☺	☺
Grüne Bohnen						
Grünkohl	☺	☺				
Gurke						☺
Kartoffeln	☑	☑	☑	☑	☑	☺
Kürbis	☑	☑				
Mais						
Mangold						☺
Meerrettich	☺	☺				
Minze					☺	☺
Möhren	☑	☑	☑	☑	☑	☺
Paprika						
Petersilie				☺	☺	☺
Petersilienwurzel	☺	☺				
Porree/Lauch	☺	☺	☺	☺		
Radieschen					☺	☺
Rosenkohl	☺	☺	☑			
Rote Bete, alle Beten	☑	☑	☑	☑		
Rotkohl						
Schnittlauch				☺	☺	☺
Schwarzwurzeln	☑	☑	☑			
Sellerie (Knolle)	☑	☑	☑	☑	☑	☑
Spargel				☺	☺	☺
Spinat				☺	☺	☺
Spitzkohl	☑	☑				
Stangen-(Stauden)sellerie						☺
Tomaten						☺
Weißkohl	☑	☑	☑	☑		
Wirsingkohl	☑	☑	☑	☑	☑	
Zucchini						
Zwiebeln	☑	☑	☑	☑	☑	☑

☑ = Lagerware, ☺ = direkt aus dem Freiland

JULI	AUGUST	SEPTEMBER	OKTOBER	NOVEMBER	DEZEMBER	
☺	☺	☺				Blattsalate
☺	☺	☺	☺			Blumenkohl
☺	☺	☺	☺			Brokkoli
			☺	☺	☺	Chicorée
☺						Dill
☺	☺					Erbsen
			☺	☺	☺	Feldsalat
☺	☺	☺	☺			Frühlingszwiebel
☺	☺	☺	☺			Grüne Bohnen
				☺	☺	Grünkohl
☺	☺	☺				Gurke
☺	☺	☺	☺	☑	☑	Kartoffeln
	☺	☺	☺	☺	☑	Kürbis
	☺	☺	☺			Mais
☺	☺	☺	☺			Mangold
				☺	☺	Meerrettich
☺	☺	☺	☺			Minze
☺	☺	☺	☺	☑	☑	Möhren
☺	☺	☺	☺			Paprika
☺	☺	☺	☺			Petersilie
			☺	☺	☺	Petersilienwurzel
☺	☺	☺	☺	☺	☺	Porree/Lauch
☺	☺	☺	☺			Radieschen
		☺	☺	☺	☺	Rosenkohl
☺	☺	☺	☺	☑	☑	Rote Bete, alle Beten
	☺	☺	☺	☺		Rotkohl
☺	☺	☺				Schnittlauch
		☺	☺	☺	☑	Schwarzwurzeln
☺	☺	☺	☺	☺	☑	Sellerie (Knolle)
						Spargel
☺						Spinat
☺	☺	☺	☺	☺	☑	Spitzkohl
☺	☺	☺	☺	☺		Stangen-(Stauden)sellerie
☺	☺	☺				Tomaten
☺	☺	☺	☺	☺	☑	Weißkohl
☺	☺	☺	☺	☺	☑	Wirsingkohl
☺	☺	☺				Zucchini
☺	☺	☺	☺	☑	☑	Zwiebeln

☑ = Lagerware, ☺ = direkt aus dem Freiland

Ernte- und Lagerzeiten von **OBST** in Norddeutschland

	JANUAR	FEBRUAR	MÄRZ	APRIL	MAI	JUNI
Äpfel	☑	☑	☑	☑	☑	
Birnen						
Blaubeeren (Heidelbeeren)						☺
Brombeeren						
Erdbeeren					☺	☺
Himbeeren						☺
Holunderbeeren						
Johannisbeeren						☺
Pflaumen						
Rhabarber				☺	☺	☺
Sauerkirschen						
Stachelbeeren						☺
Süßkirschen						☺
Weintrauben						

☑ = Lagerware, ☺ = direkt aus dem Freiland

JULI	AUGUST	SEPTEMBER	OKTOBER	NOVEMBER	DEZEMBER	
	☺	☺	☺	☺	☑	Äpfel
☺	☺	☺	☺	☑	☑	Birnen
☺	☺	☺				Blaubeeren (Heidelbeeren)
	☺	☺	☺			Brombeeren
☺	☺					Erdbeeren
☺	☺					Himbeeren
		☺				Holunderbeeren
☺	☺					Johannisbeeren
☺	☺	☺				Pflaumen
						Rhabarber
☺						Sauerkirschen
☺	☺					Stachelbeeren
☺	☺					Süßkirschen
	☺	☺	☺			Weintrauben

☑ = Lagerware, ☺ = direkt aus dem Freiland

Die *Jahreszeiten*

Wann die einzelnen Jahreszeiten anfangen, wird unterschiedlich definiert. Klassisch – und in den meisten Kalendern so vermerkt – beginnen die Jahreszeiten nach dem Sonnenstand: Das Frühjahr fängt am Tag der ersten Tag-und-Nachtgleiche an, der Sommer am längsten Tag des Jahres, der Herbst zur zweiten Tag- und-Nachtgleiche und der Winter am kürzesten Tag des Jahres.

Die Meteorologen machen das etwas einfacher: Frühlingsanfang ist am 1. März, der Sommer beginnt am 1. Juni, der Herbst am 1. September und entsprechend der Winter am 1. Dezember.

Die sogenannten phänologischen Jahreszeiten richten sich nach den Pflanzen und ihrer Entwicklung. Die kann sich von Jahr zu Jahr etwas unterscheiden. Ist der Winter lang und eiskalt, fängt der Vorfrühling vielleicht schon im Januar an, aber mit dem zweiten Abschnitt, dem Erstfrühling geht es erst im April weiter, weil die nächsten Zeigerpflanzen vorher nicht wachsen können. Wenn der Winter mild ist und schon im März Temperaturen deutlich über Null herrschen, dann kann der Frühling phänologisch schon deutlich früher anfangen und auch deutlich schneller zur nächsten Stufe übergehen.

Außerdem ist auch der Standort wichtig. Auf den Bergen wird man meistens einen späteren Frühlingsanfang haben, als in der Ebene – je nach Temperatur.

Phänologischer Jahreszeitenkalender

Jahreszeit	*Zeigerpflanzen*
Vorfrühling	Schneeglöckchen- und Haselblüte
Erstfrühling	Forsythienblüte und Blattaustrieb Birke und Rotbuche
Vollfrühling	Apfel- und Fliederblüte, Blattaustrieb Eiche
Frühsommer	Holunderblüte
Hochsommer	Lindenblüte, Johannisbeerernte
Spätsommer	Heideblüte
Frühherbst	Holunderbeerernte, Höhepunkt der Apfelernte
Vollherbst	Kartoffelernte, Laubfärbung der Bäume
Spätherbst	Laubfall bei Bäumen
Winter	Zeit zwischen Kahlwerden der Bäume und Haselblüte

Knackig, frisch, grün: Gerichte für den Frühling

März bis Mai

Die von mir am heißesten ersehnte Jahreszeit in jedem Jahr ist der Frühling. In den ersten Monaten des Jahres ist es entweder hundekalt oder aber ungemütlich, grau und düster. Irgendwann schwindet die Hoffnung darauf, dass sich das je ändern könnte. Doch oftmals stehen die pflanzlichen Frühlingsboten schon unter dem Schnee in den Startlöchern.

Wie groß ist dann die Freude, wenn die gelben Winterlinge mit ihrer Farbe einen ersten Kontrapunkt ins Schwarzweiß-Foto des Winters setzen. Oftmals parallel lassen sich Grüppchen von Schneeglöckchen blicken. Wie der Name schon sagt, trotzen sie sogar Eis und Schnee und können es vertragen, dass sie unter Schnee begraben werden. Auch nächtlicher Frost stört sie nicht. Dann kommen die bunten Krokusse aus der Erde und bilden farbige Fleckchen im Garten. Noch ist es kalt; und um im Garten zu sitzen, brauche ich mindestens eine dicke Jacke und gern auch ein kuscheliges Schaffell als Sitzunterlage. Aber das erste kalte Sonnenbad, das die Kraft der Sonne schon spüren lässt, macht Schluss mit der Winterdepression.

Wenn sich dann mal an einem Tag die Sonne länger zeigt, sind in meinem Garten auch die ersten dicken Hummeln unterwegs, um in den Krokussen nach Nahrung zu suchen. Dabei ist sehr auffällig, dass die kleinen Pelztiere außerordentlich groß erscheinen. Das liegt daran, dass nur die Hummelkönigin überwintert. Dafür muss sie am Anfang des Jahres auch alles alleine machen: einen Bau finden, darin ein Nest bauen, Eier legen und sich selbst und die Brut versorgen. Wenn dann die ersten Arbeiterinnen in ihrem Nest herangewachsen sind, bekommt sie Hilfe und kann sich irgendwann aufs Eierlegen konzentrieren. Das kann man von draußen daran erkennen, dass ein paar Wochen später die Hummeln im nächsten Schwung (mit gleicher Färbung wie unsere dicke Königin) eher klein erscheinen.

Aber nicht nur die ersten Blütenbesucher sind unterwegs, auch Frösche und Kröten wandern wieder in Richtung ihrer Laichgewässer (Frosch- und Krötenlaich sind die Eier der Tiere). Ein paar Tage später höre ich dann die Frösche an unserem Gartenteich quaken. Mit dicken Backen sitzen sie im und am Wasser und versuchen mit lautem Gequake, eine Froschdame zu über-

zeugen, die Mutter ihrer Kaulquappen zu werden. Dabei werden die anderen Froschmänner weggeschubst, bespritzt und unter Wasser gedrückt.

Die ersten Blüten in der Hecke sind die Kornelkirschen, deren leuchtend gelbe Blütenpuschel auf den ersten Blick gerne mit Forsythien verwechselt werden, deren Sträucher auch aus der Ferne leuchtend gelb erscheinen.

Wenn die Sonne im Verlauf des Frühjahrs allmählich wärmer wird und die Natur in Schwung kommt, fange ich langsam wieder mit der Gartenarbeit an. In jedem Jahr erlebe ich Menschen, die sich darüber beschweren, dass sie morgens geweckt werden, weil die Vögel so laut singen. Für mich ist das ein wahrer Genuss, denn ich kann mir sicher sein, dass das Ende des Winters für dieses Jahr besiegelt ist.

Jetzt kommt als erstes Obst langsam der Rhabarber in dicken Knospen aus der Erde; und die Aussaaten von Radieschen und Spinat wachsen schnell, sobald die Temperaturen über 10° C steigen. Im März und April strecken die ersten Wildkräuter ihre zarten Blättchen in die Sonne und bieten etwas Frische im Salat oder in der Suppe.

Wenig später ist es soweit: Es sprießt und grünt, und wir finden viel Essbares vor der eigenen Haustür. Ich empfinde Heißhunger auf das erste frische Grün.

Der Frühling ist die Jahreszeit der Wildkräuter. Frisch aus der Erde sind sie zart und im Geschmack noch nicht zu bitter.

Wenn es noch etwas wärmer wird, blühen die Pflanzen, deren Früchte wir im Sommer und Herbst ernten wollen. Ab April bekommen auch unsere Laubbäume wieder Blätter, und es wird überall sattgrün. Wenn im Mai im Garten der duftende Flieder, imposante Rhododendren und zartrosa Äpfel blühen, findet das Leben verstärkt draußen statt. Nun gibt es reichlich zu tun, um den Garten in Schwung zu bringen, damit man im Sommer Gemüse und Obst ernten kann und die Blütenpracht sowohl das eigene Auge als auch die Insekten erfreut.

Der Beginn des Frühlings ist die schwierigste Zeit für eine jahreszeitliche Ernährung. Die Wintergemüse hängen mir oft zu diesem Zeitpunkt schon zum Hals raus oder sind auch trotz guter Lagerung nicht mehr besonders knackig. Außerdem habe ich nach den deftigeren Gerichten der kalten Jahreszeit ein inneres Bedürfnis nach frischer Rohkost. Bis aber die ersten Sachen vom Gemüsebeet zu ernten sind, werden noch ein bis zwei Monate vergehen. Die Alternative ist jetzt, entweder die »Region« deutlich weiter zu definieren und sie ggf. bis zum Mittelmeer auszudehnen oder Gewächshausware zu kaufen. Dabei raten wir dazu, beispielsweise am Marktstand zu fragen, womit das Anzuchthaus für den grünen Salat (Wintersorten wie Postelein etc.) geheizt wird. Wenn dazu neben der Sonne beispielsweise die Abwärme von Viehställen genutzt wird, fällt mir der Kauf dieser Gemüse immer deutlich leichter.

Um meinen Hunger auf frische Kost zu stillen, stelle ich zu Beginn des Frühlings ziemlich oft Sprossen aus Mothbeans, Kichererbsen, Getreide und Tellerlinsen selbst her. Kombiniert mit einem Glas Mais, geriebenen Möhrchen und Feldsalat wird daraus schnell ein frischer Vorfrühlings-Salat.

Für uns schmeckt der Frühling knackig, frisch, grün, süßsauer und nach Aufbruch.

Lore Otto

Linsensalat (vegan)

Im März sind frische Kräuter noch rar, daher bringen wir Frische mit selbst gemachten Sprossen in diesen Salat und Farbe mit den letzten Äpfeln und Möhren aus dem Vorjahr.

Das brauchst du:

- **100 g Sprossen von Tellerlinsen (oder gekaufte Sprossen)**
  Wenn du selbst Linsensprossen herstellen willst, musst du zwei Tage vorher damit anfangen, damit sie noch Zeit zum Wachsen haben!
  (s. Hülsenfrüchte S. 142)
- **100 g schwarze (Beluga-)Linsen**
- **2 Mohrrüben**
- **1 Zwiebel oder 1 Bund Frühlingszwiebeln**
- **¼ Sellerieknolle**
- **dunklen Balsamicoessig, Olivenöl, Apfelsaft**
- **Salz, Pfeffer, Honig, wenig (!) getrockneter Thymian**
- **2 säuerliche Äpfel**
- **Thymianzweige zur Dekoration**

So geht's:

- Schwarze Beluga-Linsen über Nacht in reichlich Wasser quellen lassen und dann in Salzwasser einige Minuten kochen lassen (... müssen weich sein, dürfen aber nicht zerfallen), hinterher abkühlen lassen
- Zwiebel schälen, fein würfeln
- Möhrchen und Sellerie waschen, schälen, fein würfeln
- Zutaten mischen
- Essig, Olivenöl, Apfelsaft, Salz, Pfeffer, Thymian und Honig zu einer Marinade verrühren und den Salat damit pikant abschmecken
- Äpfel waschen, entkernen und in kleine Stücke geschnitten auf dem Salat verteilen, erst zum Schluss evtl. untermischen

Anmerkung zu den Linsen:
Die braunen, recht großen Tellerlinsen sind die gebräuchlichsten Linsen bei uns. Sie nehmen schnell Wasser auf, zerfallen aber auch leicht beim Kochen. Sie sind sowohl für eine sämige Linsensuppe als auch roh als frische, knackige Sprossen sehr gut. Im Salat verwenden wir Beluga-Linsen, denn die sind nach dem Kochen etwas stabiler.

Kräutersalat mit Schüchternen Eiern

Ein bunter, köstlicher Beitrag zum Brunch oder ein leichtes Abendessen mit geröstetem Brot im Frühling. Eier assoziiert man sofort mit Ostern, das oft im April liegt. Und April ist der Monat, in dem die meisten Kräuter frisch und knackig aus dem Boden sprießen.
Somit sind die Eier und der Wildkräutersalat eine geniale Frühlings-Kombination.

Das brauchst du:

EI-MARINADE

- 4 Eier
- ½ Zwiebel
- 1 Knoblauchzehe
- 40 ml Apfelessig
- 250 ml Rote-Bete-Saft
- Salz
- 2 Handvoll gemischte Wildkräuter (z.B. Giersch, Knoblauchsrauke, Bärlauch, Sauerampfer, Vogelmiere, ...) wenn du keine Wildkräuter sammeln willst, geht auch Salat
- 2 EL Olivenöl, etwas Balsamico-Essig
- zur Deko evtl. 4 Radieschen

FÜLLUNG UND NEST

- 20 g Haselnüsse
- 1 EL mittelscharfer Senf
- 1 EL Mayonnaise
- 1 EL Joghurt

So geht's:

- Eier in ca. 10 Min. hart kochen
- Inzwischen Zwiebel und Knoblauch schälen und fein hacken. Mit Essig, Rote-Bete-Saft, etwas Wasser und 25 g Salz aufkochen. 2 Min. köcheln lassen. Eier pellen, in den Sud geben und 1 Std ziehen lassen
- Haselnüsse hacken und in einer Pfanne ohne Fett rösten. Abkühlen lassen
- Wildkräuter säubern, Stiele etc. entfernen und abtropfen lassen
- Eier aus dem Sud nehmen, Eigelb herauslösen. Mit Nüssen, Senf, Mayonnaise (saure Sahne) und Joghurt verrühren. Mit Salz und Pfeffer würzen
- Wildkräuter auf Tellern arrangieren, Eierhälften ins Kräuternest legen und die Creme in die Eierhälften geben
- Die Kräuter nach Belieben mit etwas Öl und Essig beträufeln

Babyblätter-Salat (vegan)

Als Botanikerin kommt es mir immer ein bisschen herzlos vor, wenn ich Pflanzen esse, die noch lange nicht ausgewachsen sind, aber sie sind auch besonders lecker und zart. »Babyleafs« – wie sie auch heißen – sind junge Pflanzen im Frühling, die gerade die ersten 4 bis 6 Blattpaare haben. LO

Man kann (wenn man sich nicht selber seine Lieblingsmischung zusammenstellen will) Saatmischungen kaufen, die verschiedene Blattsalate und Kräuter enthalten. Die kann man während der Vegetationsperiode im Gemüsebeet oder aber im Herbst und Winter auf dem Fensterbrett kultivieren. Im Haus klappt das natürlich nur bei guter Beleuchtung und bei nicht zu trockener Heizungsluft.

Zur Ernte solltest du nur die äußeren Blätter ernten und immer von jeder Pflanze noch Blätter stehenlassen, dann wächst die Pflanze langsam weiter und du kannst noch einmal ernten.

Typische Sorten sind: Lollo Rosso, Endivien, Mangold (bunt), Rote Bete, Spinat, Asia-Salate, Rucola, Blattkoriander, Kerbel, Dill, Petersilie etc. Auf dem Markt werden ebenso verschiedene Mischungen angeboten.

Das brauchst du:

- **Mehrere Handvoll Babysalatblätter**
- **1–2 Frühlingszwiebeln**
- **½ Zitrone**
- **Evtl. etwas Fruchtsaft**
- **Etwas kaltgepresstes Öl (Raps, Sonnenblume)**
- **Zucker oder Apfel bzw. Agavendicksaft, Salz, Pfeffer**

So geht's:

- Salatblätter in viel kaltem Wasser einweichen und sorgfältig abspülen, so dass Sand und Erde gründlich entfernt werden
- Wenn die Blätter zu groß für die Gabel sind, klein zupfen
- Frühlingszwiebeln waschen und sehr klein schneiden
- Aus Zitronensaft, Fruchtsaft, Zucker oder Dicksaft, Salz, Pfeffer und dem Öl eine süß-säuerliche Salatsoße herstellen
- Soße erst unmittelbar vor dem Servieren über den Salat geben (sonst fallen die zarten Blätter in wenigen Minuten zusammen)

Tipp: Natürlich kann man diesen leichten Salat auch wunderbar mit Wildkräutern (Giersch, Knoblauchsrauke, Vogelmiere) oder Baumblättern (Linde) kombinieren.

Frische Gemüsesuppe mit Grießklößchen (vegan ohne Grießklößchen)

Eine klare Gemüsesuppe – auf Brühebasis und mit ein wenig Einlage – ist im zeitigen Frühjahr ein leichtes Mittagessen und einfach herzustellen.

Suppe

Das brauchst du:

- **1 Zwiebel**
- **1 dickes Suppengrün (s.u.)**
- **1,5 l Wasser**
- **Salz**
- **Etwas Öl**
- **Für die vegane Variante als Stärkeeinlage 4 Kartoffeln schälen, klein schneiden und mitkochen**

So geht's:

- Das Gemüse aus dem Suppengrün gründlich waschen. Sellerie, Möhrchen und Petersilienwurzel großzügig schälen und die Schalen aufheben. Vom Porree die äußeren 2 Blätter (je nach Welkegrad, frische Blätter nachher in die Suppe) gründlich . waschen und etwas zerkleinern
- Für die vegane Variante als Stärkeeinlage Kartoffeln schälen, klein schneiden und mitkochen
- Einen Schluck Öl in einen großen Topf geben
- Die Zwiebel häuten und in kleine Würfel schneiden. In dem Topf anbraten, bis die Stücke deutliche braune Ränder bekommen (je brauner die Zwiebel, desto dunkler die Brühe)
- Mit dem Wasser ablöschen, die Gemüseschalen zugeben und köcheln lassen. (Ich mag die Petersilie nicht so gern in der Suppe und koche sie daher auch in der Brühe mit, das ist aber Geschmackssache). Nach 15 Min die Brühe durch ein Sieb in einen anderen Topf gießen und die Schalen verwerfen

Klößchenteig herstellen (s.u.)

- Brühe mit Salz abschmecken
- Gemüse in mundgerechte Stückchen schneiden und in der Brühe aufkochen
- Wenn das Gemüse sanft kocht, Klößchen formen und gemeinsam garziehen lassen

Klößchen

Das brauchst du:

- 250 ml Milch
- 100 g Dinkelvollkorngrieß
- ca. 30 g Butter
- 1 mittelgroßes Ei
- ½ TL Salz, Muskat

So geht's:

- Milch mit der Butter in einem kleinen Topf zum Kochen bringen
- Salz und etwas Muskat dazugeben
- Wenn die Milch anfängt, im Topf zu steigen, Grieß einrieseln lassen; von jetzt an stetig rühren und die Hitze reduzieren
- ca. 5 Min. köcheln, bis der Grieß so zusammenklebt, dass er sich nur schwer rühren lässt und man beim Umrühren den Topfboden sieht. (Das nennt man im Fachjargon »bis er reißend vom Löffel fällt«) Sollte er das auch nach längerem Kochen noch nicht tun, noch ein wenig mehr Grieß unterrühren
- Topf vom Herd nehmen und 1 Min. rühren, bis die Masse etwas abgekühlt ist; die Klößchenmasse evtl. noch einmal mit Salz und Muskat abschmecken
- Ei aufschlagen, in einer Tasse verrühren und gründlich unter die Klößchenmasse arbeiten
- Wenn die Suppe mit dem Gemüse kocht, mit 2 Teelöffeln oder den Händen Klößchen formen und vorsichtig in die köchelnde Suppe gleiten lassen. Wenn das Gemüse gar ist und die Klößchen nach oben steigen (nach ca. 10 Min.), ist die Suppe fertig
- Noch einmal abschmecken und servieren

Der Klößchenteig ist so lecker, dass ich ihn mir manchmal als schnelle Mahlzeit koche. Dann lasse ich das Ei weg und forme natürlich auch keine Klößchen. In der Suppe sorgt das Ei dafür, dass die Klößchen sich nicht auflösen.

Gemüsebrühe

Ein Bund Suppengrün besteht meistens aus vier besonders aromatischen Gemüsesorten: Sellerie, Möhrchen, Porree, Petersilie oder Petersilienwurzel.

Um eine Gemüsebrühe zu kochen, brate ich erst eine gewürfelte Zwiebel in etwas Öl an. Dann lösche ich mit 1 l Wasser ab und gebe das klein geschnittene Suppengemüse dazu. Wenn ich die gleichen Gemüse als Einlage in der Suppe haben möchte, nehme ich für die Brühe zunächst nur die gut gewaschenen Schalen und die Gemüseendstücke.

Die Brühe wird mindestens 15 Minuten gekocht und danach durch ein Sieb gegossen.

Gierschsüppchen mit Mandelmus (vegan)

Eine leckere vegane Suppe – kräftig durch den Giersch und rund durch den Geschmack des Mandelmuses. Im April kommt die Zeit, in der draußen wilde Kräuter in Fülle und allerbester Qualität zu finden sind. In diesem Monat sind sie saftig, zart und jung. Deshalb verwenden wir sie auch in der saisonalen Küche, wobei frische, selbst gesammelte Kräuter ja immer saisonal und regional sind.

Den Giersch für diese Suppe solltest du sammeln, solange die Blätter noch etwas zusammengefaltet sind. Dann ist ihr Aroma so ähnlich wie das von Petersilie (notfalls kannst du ihn durch sie ersetzen). Später im Jahr schmeckt der Giersch deutlich strenger und ist nicht mehr jedermanns Sache.

Das brauchst du:

- **1 Zwiebel**
- **2 Handvoll Blätter der Knoblauchsrauke** (zart, frisch und ohne Fraßspuren, sonst lebt womöglich die Larve des Aurorafalters an der Pflanze und die hat ältere Rechte) **oder 2 Stangen Frühlingszwiebeln**
- **200 g Kartoffeln**
- **2 EL Öl**
- **1 l Gemüsebrühe**
- **150 g Giersch (zarte junge Blätter) oder Petersilie**
- **2–3 EL weißes Mandelmus**
- **2–3 EL Zitronensaft**
- **Schwarzer Pfeffer, frisch gemahlen**
- **evtl. junge Gierschblättchen zur Deko**

So geht's:

- Zwiebel fein würfeln
- Knoblauch pressen oder sehr fein hacken
- Kartoffeln schälen und in ca. 3 cm große Stücke schneiden
- Öl in einem Topf erhitzen, Zwiebel und Knoblauch darin kurz anschwitzen, Kartoffeln ca. 2 Min. unter Wenden mitbraten. Mit Brühe aufkochen, ca. 20 Min. köcheln, dann den Topf vom Herd nehmen
- Giersch und Knoblauchsrauke (Frühlingszwiebeln und Petersilie) säubern und abtropfen lassen. Ein paar Blätter für die Deko zur Seite legen. Restliche Kräuter grob hacken
- Gehackte Kräuter und Mandelmus zur Suppe geben. Sehr fein pürieren
- Mit Zitronensaft, Salz und Pfeffer würzen
- Mit Kräuterblättern garnieren

Spargelcremesuppe

Diese schmackhafte Frühlingssuppe, die beispielhaft für die saisonale Küche steht, ist eigentlich ein Second-Hand-Gericht – also eine typische Resteverwertung.

Wenn ab Mai – in einigen Gegenden und warmen Jahren schon ab Ende April – bis zum 21. Juni in Deutschland frischer Spargel angeboten wird, kommt bei uns unbedingt und mehrmals gekochter Stangenspargel auf den Tisch. Wie er zubereitet wird, hängt ganz von den persönlichen Vorlieben ab.

Bei uns ist die Variante »pur« am beliebtesten. Dazu wird der Spargel geschält, gart in leicht köchelndem Salzwasser, dem ein wenig Essig und Zucker zugesetzt wurde, und wird mit flüssiger Butter, Salzkartoffeln mit reichlich Petersilie (oder Giersch) und Rührei serviert. Dazu gibt es eine nicht zu süße Zitronenlimo oder einen spritzigen Riesling. Unwiderstehlich!

Und das Beste: Wenn man großzügig Spargel gekauft hat und einige Stangen übrig geblieben sind, kann man sie gleich mit in die Spargelcremesuppe geben. Grundlage für die Suppe bildet entweder das Spargelwasser und / oder der Sud von ausgekochten Schalen und Spargelenden.

Das brauchst du:

- 1 l Spargelwasser (gesalzen, mit etwas Essig und Zucker; kann auch aus den Schalen vom letzten Spargelessen hergestellt werden)
- nach Bedarf und wenn vorhanden: Spargelreste
- 50 g Butter
- 50 g Dinkel- oder Weizenmehl
- ½ Becher Sahne oder250 ml Milch
- 1 Msp Muskat
- Salz, Pfeffer, Zucker, evtl. etwas Essig
- 1 Bund Petersilie oder 1 Handvoll junge Gierschblätter
- (evtl. 1–2 Handvoll Erbsen – tiefgefroren)

So geht's:

- Butter schmelzen, aber nicht bräunen lassen
- Mehl in die Butter rühren und leicht anbraten (nicht braun werden lassen!)
- Langsam und portionsweise das Spargelwasser zugeben, dabei jeweils die Flüssigkeit mit der Mehlbutter glatt verrühren (Geht am besten mit einem kräftigen Schneebesen.)
- Milch bzw. Sahne unterrühren
- Spargel in ca. 2 cm lange Stücke schneiden und in die Mehlschwitze geben
- aufgetaute Erbsen ebenfalls in die Flüssigkeit geben
- Gemüse wenige Minuten köcheln lassen (Erbsen müssen ihre frisch grüne Farbe behalten)
- Suppe mit Muskat, Salz, Pfeffer, Zucker und Essig abschmecken
- Petersilie oder Giersch fein hacken und über die Suppe streuen

Eiergerichte

Gekochtes Ei

Das brauchst du:

- 1 Hühnerei pro Person
- Etwas Salz zum Genießen
- ggf. etwas Pfeffer oder Senf

So geht's:

In allen Eiern ist eine kleine Luftblase am dicken Ende des Eis, deshalb: Eier an der dicken Seite vor dem Kochen anpieksen (mit einem Eierpiekser oder einer Stecknadel).
So kann die Luft aus dem Ei herauskommen, ohne dass die Schale beim Kochen platzt.

- Eier in einen Eierkocher stellen und nach Gebrauchsanleitung kochen (die energiesparendste Variante) oder in einem kleinen Topf so viel Wasser zum Kochen bringen, dass die Eier schwimmen können (dann können sie sich im Kochwasser drehen und werden gleichmäßig gar)
- Eier ins sprudelnde Wasser geben, danach läuft die Zeit
- Nach der Kochzeit das Kochwasser vorsichtig abgießen und kaltes Wasser über die Eier laufen lassen (abschrecken). Kurz stehenlassen, dann in die Eierbecher geben und warm halten

Kochzeit: weiches Ei: ca. 3–5 Min., wachsweiches Ei (Eiweiß hart und Eigelb flüssig): ca. 5–8 Min., hartes Ei: ab 9 Min. Die Kochzeit hängt dabei von der Größe des Eis ab. Rieseneier brauchen mehr Zeit als kleine.

Rührei

Das brauchst du:

- 1–2 Eier pro Person
- Etwas Milch
- Salz, geriebener Muskat, frische Kräuter nach Geschmack (z.B. Schnittlauch)
- Öl für die Pfanne

So geht's:

- Eier in eine Rührschüssel aufschlagen, mit etwas Milch und (pro Ei) einer Prise Salz verrühren
- Pfanne mit dem Öl vorheizen, bis an einem hineingehaltenen Holzlöffel Bläschen am Rand zu sehen sind
- Eiermasse in die Pfanne geben und mit einem Holzlöffel sanft hin und herschieben, bis das Ei gestockt ist. Wer sein Rührei gern angebraten mag, heizt die Pfanne sehr hoch (und stellt die Herdplatte sofort aus, sobald die Eier drin sind) und lässt das Ei vor dem Verrühren etwas anbraten

Spiegelei

Das brauchst du:

- 1–2 Eier pro Person
- Öl für die Pfanne
- Je Ei eine Prise Salz und Pfeffer (wer mag)

So geht's:

- Pfanne mit Öl vorheizen
- Eier in die Pfanne schlagen, dabei darauf achten, dass das Eigelb heil bleibt
- Hitze reduzieren und mit Deckel braten, bis das Eiweiß gestockt ist; beim Braten salzen
- Für »eggs over easy« die Eier einmal wenden

Kartoffelbrei mit gebratenen Zwiebeln

Kartoffelbrei

Auch aus nicht mehr taufrischen Kartoffeln im März lässt sich leckerer Kartoffelbrei zubereiten. Die Röstaromen der Zwiebel geben diesem Gericht das gewisse Etwas.

Das brauchst du:

- **1,5 kg vorwiegend festkochende Kartoffeln**
- **2 TL Salz plus noch etwas zum Abschmecken**
- **250 ml Vollmilch (oder ½ Milch + ½ Sahne)**
- **50 g Butter**
- **Geriebene Muskatnuss nach Geschmack**

So geht's:

- Kartoffeln schälen, in kleine Stücke schneiden (dann sind sie schnell gar)
- Kartoffeln in wenig Wasser bei geschlossenem Deckel köcheln lassen, bis sie gar sind (zur Probe mit dem Kartoffelschälmesser oder der Gabel einstechen)
- Wasser bis auf einen Bodensatz im Topf abgießen
- Kartoffelstücke mit dem Pürierstab oder dem Kartoffelstampfer zu Kartoffelbrei verarbeiten (Katharina und ich sind uns nicht einig, wie man die Kartoffeln klein kriegen soll. Sie sagt, der Brei wird ihr zu schleimig mit dem Pürierstab, und benutzt daher den Kartoffelstampfer für die leicht »brockige« Variante. Ich finde, der Brei wird mit dem Pürierstab schön glatt und hat keine Stückchen mehr.)

- Butter und Milch (oder Sahne) und etwas geriebenen Muskat unter den Kartoffelbrei rühren und abschmecken

Der Kartoffelbrei (manche Leute sagen auch Kartoffelpüree dazu) schmeckt super mit gebratenen Zwiebeln.

Gebratene Zwiebeln

Das brauchst du:

- 5 mittelgroße Zwiebeln
- ca. 30 ml Öl für die Pfanne (bis der Boden knapp benetzt ist)
- 1 EL Butter
- Salz

So geht's:

- Zwiebeln schälen, in kleine Würfel schneiden

Am besten geht das so: Zunächst schneidest du die geschälte Zwiebel in zwei Hälften, indem du das Ende, an dem die Wurzeln waren, auf ein Brett stellst und von oben einmal hindurch schneidest. Dann legst du die Zwiebel mit den Schnittflächen nach unten flach auf das Brett und schneidest die Hälften in dünne Scheiben. Wenn du dabei an der Seite anfängst, wo bei der Zwiebel die Spitze war, fällt dir der Rest beim Schneiden nicht auseinander.

- Zwiebelwürfel in Öl in der Pfanne bei mittlerer Hitze braten; dabei umrühren, bis sie leicht goldgelb, aber noch nicht verschrumpelt sind
- Zuletzt die Butter dazugeben und goldbraun werden lassen
- Mit Salz abschmecken

Tipp: Es sieht nett aus, wenn du eine Portion Kartoffelbrei auf einen Teller gibst und mit dem Löffel in der Mitte eine Kuhle machst, in die dann ein Löffel voll Butter-Zwiebeln kommt.

Kräuter-Bratlinge

Bratlinge sind immer ein attraktiver Teil eines Hauptgerichtes. Die Zutaten sind leicht zu bekommen, und mit verschiedenen Kräutern kommt auf dem Teller keine Langeweile auf. Wir kombinieren hier verschiedene Kräuter. Das können Wildkräuter (immerhin ist im April Hochsaison!) oder auch im Rest des Jahres Gartenkräuter sein.

Das brauchst du:

- 3–4 Frühlingszwiebeln
- 1 gr. Handvoll verschiedener Kräuter (Petersilie, Schnittlauch, Bärlauch, Giersch, Knoblauchsrauke etc.)
- 2 geraspelte Möhren
- 100–150 ml Milch
- 250 g Hafer, grob geschrotet (oder feine Haferflocken)
- 2 EL Olivenöl
- 1–2 TL Salz
- 2 El Sojasauce
- ½ TL gemahlener Koriander
- ½ TL frisch gemahlener Pfeffer
- Msp. Cumin (Kreuzkümmel)
- 50 g Magerquark
- 1 Ei
- Öl zum Braten

So geht's:

- Zwiebeln sehr klein schneiden und leicht in Öl andünsten, bis sie glasig sind
- Haferschrot mit den Gewürzen mischen (Salz, Pfeffer, Koriander und Cumin)
- Die geraspelten Möhren, die Milch, den Quark und die Sojasauce zugeben und ca. 10 Min. quellen lassen
- Kräuter fein hacken, unter die Hafermasse mischen. Evtl. nochmals mit Gewürzen abschmecken
- Das Ei unterrühren
- Mit der Hand Bratlinge formen oder mit einem Esslöffel Bratlingsmasse nehmen, in eine Pfanne mit Bratöl setzen und etwas platt drücken
- Von beiden Seiten in der Pfanne braten, bis sie gut gebräunt sind

Sour Cream

Als ideale Ergänzung zu Bratlingen, als Brotaufstrich oder auch zu Bratkartoffeln kommt hier ein Rezept für Sour Cream. Im Unterschied zu Kräuterquark, mit dem die Cream die meisten Zutaten gemeinsam hat, kommt ein Löffel Mayonnaise dazu, die für den typischen säuerlichen Geschmack zuständig ist.

Das brauchst du:

- **250 g Quark (20 %)**
- **100 g Joghurt**
- **2 EL Mayonnaise**
- **2 EL fein gehackter Schnittlauch**
- **2 EL fein gehackte Petersilie**
- **… oder/und noch ein paar gehackte Wildkräuter, die auch schon in den Bratlingen verarbeitet sind.**
- **Salz und Pfeffer nach Geschmack**

So geht's:

- Alle Zutaten gut verrühren und abschmecken

Honig-Möhrchen

Frisch geerntete Möhren können sehr süß sein und brauchen eigentlich die zusätzliche Süße des Honigs nicht. Aber im April wachsen bei uns noch keine frischen Mohrrüben. Die alten Lagermöhren vertragen das Aufpeppen gut. Als Kind mochte ich sie so am allerliebsten, wobei auch das Aroma des Honigs eine tolle Ergänzung zum Geschmack der Wurzeln ist.

Das brauchst du:

- **500 g Möhrchen**
- **1 TL Salz**
- **1 TL Honig**

So geht's:

- Möhrchen schälen und in etwa 0,5 cm dicke Scheiben schneiden
- Knapp mit Wasser bedecken und mit Honig und Salz zum Kochen bringen
- Nach ca. 8 Min. einstechen und prüfen, ob sie schon gar sind
- Dann abgießen oder das Kochwasser mit einer Mehlschwitze (s. S. 85) andicken und wieder über die Möhrchen geben

Spinat (vegan möglich)

Spinat ist im Mai das erste Gemüse, das man bei uns im Garten ernten kann. Ich staune jedes Mal, welche Riesenmengen frische Spinatblätter erst beim Schneiden, dann noch stärker beim Erhitzen zu einer überschaubaren Portion zusammenschrumpfen.
Der frische Geschmack und die zarten Blätter von Spinat passen besonders gut zu gekochten Kartoffeln und einem Spiegelei.

Das brauchst du:

- **400 g frischen Spinat (oder ein Paket Tiefkühlspinat)**
- **1 große Zwiebel**
- **Öl für den Topf**
- **200 g Sahne (für die vegane Alternative Gemüsebrühe, Hafermilch oder Kokosmilch nehmen)**
- **Muskat, Salz, Pfeffer**

Tipp: Im Sommer kann man das gleiche Rezept mit dem langstieligen Mangold machen. Dann sollte man die (oftmals bunten) Stiele als erstes klein schneiden und nach den Zwiebeln in den Topf geben, um danach die klein geschnittenen Blätter zu dünsten.

So geht's:

- Frischen Spinat gründlich waschen: Dazu die Blätter von den Wurzeln abtrennen und jedes Blatt einzeln im Wasser bewegen. Wenn der Spinat nämlich im Freiland gewachsen ist, sind meistens noch Sandkörner zwischen den Blättern, die sonst beim Essen zwischen den Zähnen knirschen. Den sauberen Spinat auf ein Abtropfsieb geben
- Spinatblätter zerkleinern: Nimm eine Handvoll Spinat und rolle die Blätter etwas zusammen. Dann mit dem großen Messer die Rolle in breite Scheiben schneiden
- Zwiebel schälen und in kleine Würfel schneiden (s. S. 158)
- Zwiebelwürfel in etwas Öl bei mittlerer Hitze braten, bis sie glasig sind und leicht braune Ränder haben
- Sahne bzw. Gemüsebrühe etc. dazugeben, dann den Spinat. Gib nur jeweils so viel Spinat in den Topf, dass du den Deckel noch schließen kannst. Nach wenigen Minuten ist er beim Kochen zusammengefallen und du kannst die nächste Portion dazugeben, bis das ganze Gemüse im Topf ist
- Tiefkühlspinat (Blattspinat) geht auch (am besten vorher auftauen lassen, damit du nicht zusätzliche Flüssigkeit brauchst)
- Wenn der Spinat kocht, Herd ausschalten und mit Salz, Pfeffer und Muskat abschmecken

Grüne Soße

Das ist ein sehr altes Rezept aus Hessen. Dort und auch in anderen Gegenden Deutschlands gab es Grüne Soße oder ein ähnliches Gericht traditionell am Gründonnerstag (vor Ostern).
Man kann die Grüne Soße nur im Frühling zubereiten, wenn all die frischen Kräuter ihre zarten Blätter aus der Erde geschoben haben.

In die echte Grüne Soße gehören mindestens sieben verschiedene Kräuter, z.B. Borretsch (Gurkenkraut), Sauerampfer, Pimpernelle, Kerbel, Löwenzahn, Schnittlauch, Kresse, nach Belieben auch Zitronenmelisse. Es passen aber auch Giersch, Brennnessel, Vogelmiere, Petersilie und Knoblauchsrauke.

In Hessen gibt es die Kräuter für die Grüne Soße tatsächlich zusammen als Paket auf dem Markt zu kaufen. In vielen anderen Gegenden muss man sie einzeln kaufen oder – noch besser – selber im Garten, auf der Wiese, am Waldrand oder in wilden Parkecken pflücken. Die Regeln, die du beim Kräutersammeln beachten solltest, findest du auf S. 154.

Das brauchst du:

- **4 Eier (1 Ei pro Person)**
- **4 EL kalt gepresstes Pflanzenöl (Raps-, Sonnenblumen-, Olivenöl)**
- **2 EL Senf**
- **2 Becher Schmand oder Crème fraîche**
- **150 g Vollmilchjoghurt**
- **1 Zitrone oder Zitronensaft**
- **1 Paket Kräuter »Grüne Soße« oder 3–4 Hände zusammengedrückte Kräuter (s.o.)**
- **1–2 Zwiebeln**
- **1 TL Salz (oder mehr nach Geschmack)**
- **½ TL Pfeffer**
- **1 TL Zucker**

So geht's:

- Eier hart kochen und abkühlen lassen
- Eier pellen, in Viertel schneiden und das Eigelb herau lösen
- Eigelbe mit Öl und Senf zu einer glatten Paste verrühren
- Schmand oder Crème fraîche, Joghurt und Zitronensaft dazugeben und die Masse glatt rühren
- Kräuter gründlich waschen, grobe Stiele und unappetitliche Stellen entfernen
- Die verlesenen Kräuter ein zweites Mal waschen und sorgfältig trocken schütteln (im Durchschlag oder in einer »Salatschleuder«)
- Kräuter sehr fein hacken (aber nicht pürieren)
- Zwiebel in kleine Würfel schneiden

- Kräuter und Zwiebelwürfeln unter die Schmand-Joghurt-Masse rühren. (Sie sollte danach eine deutlich grüne Farbe haben; sonst müssen noch Kräuter rein.)
- Die Grüne Soße mit Salz, Pfeffer und Zucker abschmecken
- Wenn du magst, kannst du das übrig gebliebene Eiweiß – in Stücke geschnitten – auch unter die Grüne Soße mischen

Tipp: Am besten schmecken dazu Pellkartoffeln.
Wenn es schon die ersten Frühkartoffeln mit ihrer zarten Schale sind, braucht man diese nur mit einer Bürste oder einem »Gemüsehandschuh« abzurubbeln, bevor man sie kocht. Dann kann man sie mit Schale essen.

Apfel-Crumble

Im ausgehenden Winter bis in den März hinein gibt es die letzten Lageräpfel aus Deutschland. Wer selbst einen kühlen Keller – oder noch besser – ein Regal an einem überdachten Plätzchen auf dem Balkon oder der Terrasse hat, kann lagerfähige Apfelsorten (z.B. Weißer Winterglockenapfel, Boskoop) ohne Energieaufwand bis zum zeitigen Frühjahr aufbewahren.

Sie werden vielleicht ein wenig schrumpelig und etwas mürbe und eignen sich nicht mehr so gut zum Reinbeißen. Aber man hat bei Bedarf immer frische Äpfel zum Kochen und Backen zur Hand. Notfalls kann man mit einem Spritzer Zitronensaft der Apfelsäure auf die Sprünge helfen.

Und wenn sich dann noch in der Gefriertruhe eine Tüte mit Brombeeren aus dem letzten Jahr findet, können die Früchte gerne mit in den Crumble.

Dieser Crumble ist ein typisch britischer Nachtisch, der ohne weiteres auch als sättigendes Hauptgericht durchgeht. Im Gegensatz zu deutschem Streuselkuchen ist der Crumble nicht so süß und lässt das Aroma der Früchte besser zur Geltung kommen.

Das brauchst du:

TEIG

- **100 g harte Butter**
- **100 g Rohrohrzucker**
- **200 g Dinkel-Vollkornmehl**
- **25 g Dinkel-Vollkorngrieß**
- **1 Prise Salz**
- **Vanille**
- **etwas Wasser nach Bedarf**

FRUCHTMASSE

- **750 g säuerliche Äpfel (oder 500 g Äpfel und 250 g Brombeeren)**
- **Etwas Zitronensaft**
- **Zimt nach Geschmack**
- **etwas Wasser**

So geht's:

Fruchtmasse

- Äpfel schälen, entkernen und in kleine Stücke schneiden
- Die zerkleinerten Äpfel evtl. mit den Brombeeren und dem Zimt mischen
- Fruchtmasse in eine gebutterte feuerfeste Form füllen und einen kleinen Schluck Wasser zugeben

Streusel

- Alle Zutaten zügig zu Mürbeteigstreuseln verarbeiten
- Mürbeteigstreusel über die Fruchtmasse verteilen
- Etwa 30–45 Min. bei 175° C backen, bis die Streusel leicht gebräunt und die Apfelstückchen weich sind

Die Äpfel (oder die Brombeer-Apfelmischung) lassen sich gut durch andere säuerliche Früchte ersetzen. Wie wär's Ende April mit dem ersten Rhabarber oder im Sommer mit Stachelbeeren?

Tipp: Der Crumble schmeckt am besten heiß mit Vanillesauce, flüssiger Sahne oder Eis.

Milchreis mit Zimt & Zucker

Dies ist ein Ganzjahres-Nachtisch. Wenn im März noch keine frischen Früchte zur Verfügung stehen, ist er eine willkommene Süßspeise.

Der Milchreis macht übrigens schnell pappesatt. Zu einem richtigen Mittagessen fehlt da nur noch ein Salatals Vorspeise. Das Praktische am Milchreis: Wenn etwas vom frischen heißen Milchreis übrig bleibt, kann man ihn am nächsten Tag kalt zum Nachtisch essen, dann vielleicht mit Tiefkühlfrüchten oder eingemachten Kirschen aus dem Glas (s. S. 37).

Der Milchreis gehört zu den Rundkorn-Reissorten. Wie man Reis kocht und worauf man beim Rundkornreis achten muss, kannst du auf S. 141 nachlesen.

Das brauchst du (für 4 große Portionen):

- **1,5 Tassen bzw. 250 g Milchreis (Rundkorn)**
- **1 EL Butter**
- **4,5 Tassen bzw. 1 l Milch (oder 3 Tassen Milch plus 1,5 Tassen Wasser)**
- **1 Msp. Salz**
- **2 TL Zucker**
- **Evtl. 1 Prise Vanille**

So geht's:

- Butter in einen hohen Topf mit passendem Deckel geben und auf niedriger Stufe schmelzen lassen (darf nicht braun werden)
- Reis hineinschütten und kurz in der Butter wenden
- Milch auf den Reis gießen; Salz, Zucker und Vanille dazugeben
- Vorsichtig umrühren, bis die Milch richtig kocht
- Die Platte ausschalten, wenn die Milch kocht; aber so lange weiter rühren, bis die Milch nicht mehr hochsteigt. Dann den Deckel auf den Topf legen
- Den Reis auf der heißen Platte weiter garen lassen (ca. 20 Min.)
- Den Reis probieren: Ist er noch etwas hart und von etwas Milch bedeckt, braucht er nochmal etwas Hitze zum Quellen. Den Herd dazu nochmal auf die niedrigste Stufe schalten und den Reis in 10–15 Min. fertig garen lassen Zwischendurch nicht

rühren! Sonst wird der Reis doch noch zum pappigen Reisbrei!
- Falls der Milchreis zu fest und klebrig ist, zum Schluss noch Milch zugießen und dabei vorsichtig umrühren

Tipp: Bleib die ganze Zeit am Herd: Wenn die Milch anfängt zu kochen, steigt sie plötzlich im Topf hoch. Wenn sie überkocht und auf die heiße Platte kommt, gibt's eine große Sauerei, und stinken tut es auch. Also aufgepasst!

In manchen Gegenden wird der Milchreis auch Reisbrei genannt, aber ich finde, das hört sich zu sehr nach Babynahrung an. Mein Vater sagte zum Milchreis immer »Kinderbelustigung«, aß ihn aber selbst als Erwachsener auch sehr gern. KH

Zimt & Zucker

Die Mischung kann man auf Vorrat anlegen und z.B. auch über Apfelkompott oder Joghurt streuen.

Das brauchst du:

- 1 Tasse Rohrohrzucker
- ½ TL Zimt (oder auch mehr bzw. weniger nach Geschmack)

So geht's:

- Einfach mischen, schon fertig. Du kannst den Zimt-Zucker am besten in einem geschlossen Gefäß aufheben.

Ich mag zum Milchreis besonders gerne warmes Apfelmus oder -kompott.

Rhabarberkompott (vegan)

Rhabarber ist das erste frische Obst im Jahr, das in Deutschland geerntet werden kann. Oder soll man es eher als Gemüse bezeichnen?

Vom Rhabarber, der seine roten runzligen Blätter schon ab März aus der Erde schiebt, werden die grün-roten Stängel geerntet. Von einer kräftigen Rhabarberstaude hat man von Ende April bis zum Sommer genug für Süßspeisen und Kuchen.

Kauft man Rhabarber, sollte man auf feste glänzende Stangen achten, biegsame Gummiprügel sollte man liegen lassen.

Das brauchst du:

- **750 g – 1 kg Rhabarber**
- **ca. 100 g Rohrzucker (oder mehr nach Geschmack)**
- **125–250 ml Wasser oder Apfelsaft**
- **Stück Zitronenschale, Vanille- oder Zimtstange**

So geht's:

- Beide Enden (Basis und Blattansatz) von den Rhabarberstangen abschneiden
- Stangen waschen und bei dicken Stangen – wenn nötig – die faserige Haut abziehen
- Stangen in 1 cm breite Stücke schneiden; sind die Stangen sehr dick, kann man sie vorher einmal längs spalten
- Rhabarberstücke in eine Topf geben, mit dem Zucker bestreuen und durchschütteln
- Der gezuckerte Rhabarber sollte eine Weile stehen bleiben, um etwas Saft zu ziehen
- Wasser bzw. Apfelsaft über die Rhabarberstücke gießen, nach Belieben Zitronenschale, Vanille oder Zimt hinzufügen und aufkochen
- Die Rhabarberstücke auf niedriger Stufe weich dünsten
- Nach Geschmack nachzuckern

Tipp: Rhabarber enthält Oxalsäure, schmeckt intensiv sauer und verursacht ein »stumpfes« Gefühl an den Zähnen. Er lechzt nach einer milden Begleitung. Ich serviere das Kompott deshalb meist mit geschlagener Sahne, Vanillesoße oder -pudding oder auch Eis. Wer vegan isst, nimmt entsprechend die veganen Varianten.

Sesamkekse

Wer sagt denn, dass es selbst gebackene Kekse immer nur zu Weihnachten gibt? Die Sesamkekse jedenfalls schmecken rund ums Jahr. Sie sind aus einem Rührteig hergestellt. Außer den Grundbestandteilen Butter, Zucker, Ei und Mehl sind hier noch einige zusätzliche Zutaten drin, die die Sesamkekse so lecker machen.

Das brauchst du:

- 180 g weiche Butter
- 150 g (Roh-Rohr-)Zucker
- 1 Ei
- 180 g (Vollkorn-Dinkel-)Mehl
- ½ TL Backpulver
- ½ TL Muskatnuss (gemahlen)
- ½ Tl Salz
- 5–6 EL Milch
- 120 g Sesamsamen
- 60 g Haferflocken
- 100 g Rosinen

So geht's:

Wenn du noch einmal nachschauen möchtest, wie man einen Rührteig macht, findest du Tipps auf Seite 152.

- Butter mit einem Rührgerät cremig rühren
- nach und nach den Zucker zugeben und die Masse schaumig rühren
- Ei aufschlagen und gründlich mit der Masse verrühren
- in einer zweiten Schüssel Mehl mit Backpulver, gemahlener Muskatnuss und Salz verrühren
- Mehlmischung abwechselnd mit der Milch unter die Ei-Butter-Zucker-Masse rühren
- Zum Schluss Sesamsamen, Haferflocken und Rosinen unter die Teigmasse ziehen
- Teig für ungefähr 1 Std. oder länger in den Kühlschrank stellen, damit er etwas fester wird
- Mit einem Teelöffel kleine Portionen vom Teig abstechen, mit einem zweiten Teelöffel vom ersten Löffel auf ein mit Backpapier ausgelegtes Backblech schieben.
- Ofen auf 175° C und Umluft stellen (oder Unter- und Oberhitze), Backblech auf eine Schiene in der Mitte schieben. Bei Umluft kannst du auch mehrere Bleche gleichzeitig backen
- Die Kekse brauchen ungefähr 15 Min. Backzeit, bis sie goldgelb und hellbraun sind. Die Kekse werden etwas höher und breiter. Sie dürfen auf gar keinen Fall dunkelbraun werden. Kontrolliere vorsichtshalber, ob die Kekse auf allen Blechen fertig sind. Ggf. muss ein Blech etwas länger im Ofen bleiben
- Die noch warmen Kekse mit einem breiten Messer oder einem Pfannenheber vom Blech nehmen und auf einem Kuchengitter oder Rost abkühlen lassen

Tipp: In einer geschlossenen Blechdose lassen sich die Kekse lange aufheben – wenigstens theoretisch. Bei uns ist die Dose immer schnell leer, weil wir die Sesamkekse so gerne mögen.

Hummus (vegan)

Seit wir immer mehr Wert auf eine gesunde vegetarische Ernährung legen, hat auch dieses Gericht aus Kichererbsen seine Fans bei uns und immer mehr Verbreitung in unserem Land gefunden.

In den Kühlregalen stehen fertige Mischungen, die mich aber immer enttäuscht haben.
Ein frischer, selbst gemachter Hummus ist unbeschreiblich lecker!

Das brauchst du:

- **250 g Kichererbsen (am Vorabend gründlich gespült und über Nacht in reichlich Wasser eingeweicht)**
- **250 g Tahin (Sesampaste)**
- **4 EL Zitronensaft**
- **4 gepresste Knoblauchzehen**
- **1,5 TL Salz**
- **Etwas Wasser für die gewünschte Konsistenz**
- **Kreuzkümmel für den exotischen Geschmack**
- **50 Pinienkerne als Topping**

So geht's:

Eingeweichte Kichererbsen haben eine deutlich geringere Kochzeit, daher ist es viel sinnvoll, sie nicht frisch aus der Tüte zuzubereiten.

- Über Nacht in reichlich Wasser gequollene Kichererbsen in einen großen Topf füllen
- Mit reichlich Wasser bedecken und kochen. Nach etwa 30 Min. sind sie so weich, dass sie sich mit den Fingern zerdrücken lassen
- Das Mus kann mit einem Zerkleinerer oder dem Pürierstab hergestellt werden: weiche Kichererbsen, die übrigen Zutaten und etwas Wasser mischen; dann gründlich zerkleinern, bis eine cremige Paste entsteht; abschmecken
- Den Hummus 30 Min. ruhen lassen
- Pinienkerne in der Pfanne ohne Fett goldbrraun in der Pfanne rösten und auf dem Hummus als Topping servieren

Tipp: Ein Schälchen Hummus eignet sich auch hervorragend als Büfett-Mitbringsel.

Giersch-Limonade (vegan)

Meine Lieblingsverwendung für Giersch, weil schnell und unkompliziert, ist die Giersch-Limonade. Sein Aroma, zusammen mit anderen Kräutern, ergänzt den säuerlichen Geschmack des Apfelsaftes hervorragend und verblüfft auf diese Weise alle, die ein durchweg negatives Bild dieser Pflanze haben.

Das brauchst du pro 1 l Saft:

Kräuterstrauß aus
- **10 Blättern Giersch**
- **3 Stängel Zitronenmelisse**
- **1 Stängel Pfefferminze**
- **evtl. 1 Ranke Gundermann**

außerdem
- **1 l Apfelsaft**
- **½ Flasche Mineralwasser**
- **Saft von 1 Zitrone**

So geht's:

- Die Kräuter waschen und am besten über Nacht (mindestens aber 3 Std.) in den Apfelsaft geben
- Danach die Kräuter herausnehmen und Zitronensaft und Mineralwasser zufügen

Tipp: Am besten schmeckt die Limonade eiskalt serviert.

Giersch

Gundermann

Zitonenmelisse

Pfefferminze

Rhabarber-Schorle (vegan)

Krause Blätter, oft rötlich überhaucht, schieben sich im Frühling aus dem Boden. Sie entfalten sich zu mächtigen Segeln. Darunter verlängern sich die grünlichen bis leuchtend roten Stängel, die wir Menschen essen.

Erst die Blüte offenbart die Verwandtschaft von Rhabarber mit Sauerampfer und anderen Knöterichgewächsen – genau wie die in dieser Pflanzenfamilie häufige Oxalsäure, die in großen Mengen ein stumpfes Gefühl auf den Zähnen hinterlässt.
Beim Rhabarber könnte die Frage aufkommen: Obst oder Gemüse? Wenn man Obst als »Früchte« definiert, passt das nicht auf den Rhabarber, denn was wir ernten, sind die Blattstängel – aber bei »Gemüse« fallen mir eher deftige Genüsse ein, während der Rhabarber ja im Wesentlichen Bestandteil von Kuchen oder Nachtisch ist. Aber wer braucht schon Schubladen – wenn es doch um die Frühlingsfreude des Rhabarbers geht?

Das brauchst du:

- **1 kg Rhabarber**
- **2 l Wasser**
- **3 EL Zucker**

So geht's:

- Rhabarber in Stücke schneiden, in einen großen Topf geben, Zucker zufügen
- mit kochendem Wasser übergießen und mindestens 3 Std., besser über Nacht ziehen lassen
- Die entstandene Schorle durch ein Sieb abgießen, ausdrücken und in Kannen füllen

Waldmeister-Apfelsaft (vegan)

Waldmeisteraroma kennen die meisten eigentlich nur noch aus dem Chemielabor. Denn er darf frisch in der Gastronomie und bei der Lebensmittelverarbeitung nicht mehr eingesetzt werden.

Also hat das quietschgrüne Zeugs, das besonders bei Kindern sehr beliebt ist, eigentlich nichts mehr mit der Pflanze aus dem Wald zu tun. Wenn man aber mal unseren Waldmeister-Apfelsaft herstellt, wird man feststellen, dass man den Geschmack tatsächlich wiedererkennt, auch wenn der Apfelsaft seine Farbe durch den Waldmeister nicht verändert.

Waldmeister ist eine Pflanze, die typischerweise im Mai verarbeitet wird. Dazu muss als erstes mal gesagt werden: Er ist giftig! Wie immer ist das eine Frage der Menge. Bis zu 3 Gramm des Krautes im angetrockneten Zustand sind in einem Liter Apfelsaft unbedenklich.

Das führt auch gleich zur wichtigsten Anmerkung: Frischer Waldmeister schmeckt nach nix. Das typische Aroma entwickelt er erst, wenn er mindestens angewelkt, aber auch gerne ganz getrocknet ist. D.h. wenn man Waldmeister in der Küche einsetzen will, muss man mindestens einen halben Tag zwischen Sammeln und Verwendung einplanen. Für den aromatisierten Apfelsaft braucht man einen weiteren halben Tag (oder die Nacht), damit das Aroma in das Getränk übergeht.

Dafür macht so ein Waldmeister-Apfelsaft in der Herstellung eigentlich keine Mühe.

Das brauchst du:

- **1 l Apfelsaft**
- **5–6 Stängel angewelkter oder getrockneter Waldmeister (zusammengebunden, dann ist er leichter zu entfernen)**

So geht's:

- Apfelsaft in eine Kanne füllen und das Kräuterbündel mindestens 12 Std. hineinhängen
- Waldmeister entfernen

Tipp: Dies ist ein Getränk, das den Mai interessant macht. Im Juni/Juli kann man Holunderblüten-Apfelsaft herstellen, indem man eine große Blütendolde des Holunders über Nacht in den Apfelsaft hängt.

Süße, saftige Vielfalt: Gerichte für den Sommer

Juni bis August

Wer erinnert sich nicht gern an das Gefühl, das man als Kind am Anfang der Sommerferien hatte – an diese unbändige Vorfreude auf sechs Wochen unbeschwerter Freiheit? Als Erwachsene erlebe ich das nicht mehr so intensiv, weil man meistens auch in den Sommerferien schon reichlich verplant ist, aber der erste heiße Tag im Jahr und ein deutliches Ausklingen von Verpflichtungen zu Beginn der Sommerferien wecken manchmal noch einen Nachklang dieses Gefühls. Ein »Barfußgefühl«, wenn man mit kurzer Hose und T-Shirt bekleidet raus gehen kann und sich weder mit Jacke noch Schuhen belasten muss.

Jetzt hält mich nichts mehr drinnen. Die Natur entfaltet ihre ganze Vielfalt. Überall in den Hecken hört man das zarte Piepsen von Vogelkindern, und es kommt die Zeit der Fülle. Anfang des Sommers werden nicht nur die Insekten vom Duft der Blüten auf Wiesen und in Hecken angelockt, auch für mich ist es jedes Jahr ein Muss, dem wunderbaren Duft der Holunderblüten zu folgen und für das weitere Jahr in Form von Sirup zu konservieren.

Jetzt findet auch wieder viel Familienleben auf unserer überdachten Terrasse statt: Wir nehmen die Mahlzeiten im Freien ein, und ich arbeite gerne auf einer Gartenbank am Computer. Das entschleunigt und gibt mir ein intensives Gefühl der Verbundenheit mit der Natur.

Nachdem die Grasfrösche und Erdkröten sich gepaart und den Laich im Teich abgesetzt haben, wandern sie wieder ab. Sie leben nämlich dauerhaft nicht unbedingt in der Nähe von Gewässern, sondern gerne in der dicken Laubstreuschicht des Waldes oder in Hecken. Bei mir zu Hause springen die Grasfrösche im Sommer manchmal erschreckt aus den Blumentöpfen vor der Haustür, wenn ich sie wässern will. Sobald sie aber kapiert haben, dass ich an Froschschenkeln so gar kein Interesse habe, klettern sie wieder rauf und legen sich auf die Lauer, um die Blütenbesucher zu schnappen. Katharinas Teichfrösche dagegen haben inzwischen ihr Machogehabe aufgegeben und chillen friedlich neben- und übereinander am Ufer. Ab und zu pirschen sie sich an eine ins Wasser gefallene Fliege ran oder lauern unter einer frisch geschlüpften Libelle.

In den Sommerferien ist selbst das Leben in der

Großstadt entspannter und alle Badeanstalten haben bei Sonnenschein Hochkonjunktur. Ich genieße es jetzt, draußen barfuß durch taunasses Gras zu gehen, in Seen oder im Meer zu schwimmen, mich in eine hohe kunterbunt blühende Wiese zu legen und den Insekten beim geschäftigen Treiben zuzuhören oder unter das kühlende Blätterdach eines Baumes meine Hängematte zu spannen.

Aber das Beste sind die langen Tage mit lauen Abenden. Mit ein paar Freunden den Abend ausklingen zu lassen, mit einem guten Essen oder auch nur einem Glas Lassi, dabei die Probleme der Welt zu lösen oder einfach rumzualbern, ist ein guter Weg, den Glauben an das Gute im Menschen zu erhalten.

Nach den Erdbeeren im Juni können Himbeeren, Johannisbeeren und Stachelbeeren vernascht oder mit Kirschen zu Roter Grütze verarbeitet werden, bis im August dann auch die Kornelkirschen reif sind. Ab August gibt es auch in Norddeutschland wieder frische Kartoffeln – köstlich als Pellkartoffeln nur mit Butter und Salz. In meinem Garten müssen die Zucchini überwacht werden, damit sie die Unterarmdicke nicht überschreiten.

Jetzt beobachte ich auch schon ab und zu die großen Libellen wie die Mosaikjungfer, die im Garten auf die Jagd gehen. Darüber freue ich mich immer besonders, weil sie große Jäger von Insekten sind und sicherlich ab und zu eine Wespe fressen. Dass sie hingegen Menschen beißen oder gar stechen (sie haben gar keinen Stachel!), ist ein böswilliges Gerücht.

Die streichzart aussehenden grünen, im Wind wogenden Gerstenfelder sind über den Sommer reif geworden. Golden leuchtet der Weizen, bevor er durch die Mähdrescher in ein gelbes Stoppelfeld verwandelt wird. Leise schleicht sich Wehmut in die sommerlichen Hochgefühle. Wenn gegen Ende des Hochsommers die Heuschrecken anfangen zu zirpen und das Große Heupferd in meinem Garten bis spät in die Nacht versucht, mit lautem Konzert ein Weibchen anzulocken, dann ist Zeit für Gartenpartys bei Kerzenschein.

Das, was wir an Gemüse und Obst sonst nur im Supermarkt aus Südeuropa kaufen können, wird endlich auch bei uns reif. Selbst geerntete Tomaten sind an Aroma nicht zu übertreffen.

Wir können nun aus dem Vollen schöpfen und opulente Salate, erfrischende Suppen und leckere Gemüsegerichte zubereiten. Sogar essbare Blüten lassen sich zum kulinarischen Beiwerk oder Augenschmaus mit auf den Teller holen. Die Zeit des Überflusses ist angebrochen und sollte sowohl zum sofortigen Genuss wie auch zur Vorsorge für magerere Zeiten – durch Haltbarmachung von Früchten und Gemüse – genutzt werden.

Der Sommer schmeckt süß, saftig, rot und nach Vielfalt, und er duftet nach Kräutern in der Sonne.

Lore Otto

Spitzkohlsalat (vegan)

Spitzkohl hat zartere Blätter und auch ein milderes Aroma als runder Weißkohl und ist daher für frischen Krautsalat am besten geeignet. Im Juni werden die ersten Köpfe geerntet, und auch der Dill ist gerade so weit. Der Salat braucht auch nicht lange durchzuziehen, sondern sollte sofort serviert werden.

Das brauchst du:

- **1 kleiner Spitzkohl**
- **½ Bund Dill (wenn man ihn mag)**
- **½ TL Salz (vor dem Servieren noch mal abschmecken)**
- **1 TL Zucker oder Apfeldicksaft**
- **1 EL weißer Balsamico**
- **1 EL kaltgepresstes Öl (Oliven- oder Rapsöl)**

So geht's:

- Spitzkohl waschen und von der Spitze längs nach unten vierteln (etwas schmaler schneiden, wenn man die Küchenmaschine zum Raspeln benutzt)
- Den Strunk aus den Vierteln schneiden
- Mit der groben Reibe in kleine Stücke raspeln oder von der Spitze bis zum Stängel in sehr dünne Scheiben schneiden
- Dill hacken und zugeben
- Salz und Zucker zugeben
- Mit der (sauberen) Hand kräftig durchkneten, bis etwas Saft sichtbar wird
- Essig und Öl zugeben, mit Salz und Zucker oder Apfeldicksaft abschmecken
- Mit Dill garnieren, servieren

Tipp: Dieser Spitzkohlsalat schmeckt auch köstlich mit frisch gepflücktem Giersch, der ab April reichlich sprießt. Du brauchst dafür 3 bis 5 Handvoll junge Gierschblätter.

Bunter Sommersalat

(vegan mit Essig-Öl-Vinaigrette)

Gerade wenn's im Sommer heiß ist, habe ich oft gar keinen Appetit auf ein warmes fettes Essen. Jetzt ist die Zeit für einen knackigen frischen Salat. KH

Auf dem Markt bekommst du aus heimischem Anbau dazu ab Juli alles, was du brauchst. Du kannst die verschiedenen Zutaten kombinieren, so wie es dir am besten schmeckt. Vielleicht sollen noch Maiskörner, Oliven, Zucchini-Scheiben oder Frühlingszwiebelringe dazu? Hier kommt ein Rezept für einen einfachen, aber richtig bunten Sommersalat.

Das brauchst du:

- **½ kleinen Kopf Blattsalat (kräftige Blattsalate, z.B. Radicchio oder Rucola, milde Blattsalate, z.B. Kopfsalat, Eisberg)**
- **½ Salatgurke**
- **2 mittelgroße Tomaten oder 4-6 kleine Cocktail- oder Cherrytomaten**
- **1 gelbe oder orange Paprika**
- **1 kleine Zwiebel**
- **1 Handvoll (Wild-)Kräuter**

Dazu passen ganz unterschiedliche Salatsoßen. Bist du eher der Joghurt-Zitronen-Typ oder stehst du mehr auf Essig & Öl?

So geht's:

- Salat gründlich waschen und abtropfen lassen
- Die halbe Salatgurke waschen und längs vierteln, dann die Viertel in kleine Stücke schneiden
- Tomaten waschen, grünen Stielansatz herausschneiden und in ähnlich kleine Stücke schneiden wie die Gurke
- Paprika waschen, Kerne und weiße Häutchen entfernen und in mundgerechte Stücke schneiden
- Zwiebel schälen und klein würfeln (s. S. 158)
- Säubere die Kräuter, z.B. Schnittlauch, Petersilie, entferne unappetitliche und harte Teile und hacke sie mit einem Wiegemesser fein
- Alle Zutaten in eine große Schüssel füllen und mischen

Joghurt-Zitronen-Soße

Das brauchst du:

- 250 g Joghurt (3,8 %)
- Saft einer Zitrone
- 1 TL Zucker, Salz, Pfeffer

So geht's:

- Zutaten verrühren und Soße nochmals abschmecken

Essig-Öl-Vinaigrette (vegan)

Das brauchst du:

- 4 EL kalt gepresstes Pflanzenöl (Raps, Olive, Sonnenblume)
- 3 EL milder Fruchtessig + 2 EL Apfelsaft
- 1 TL Zucker oder Apfeldicksaft

So geht's:

- Zutaten in ein fest verschließbares Gefäß füllen, z.B. ein Marmeladenglas mit Schraubdeckel
- Alles gründlich durchschütteln

Tipp: Gib die Salatsoße erst kurz vor dem Essen über den Salat und nur über die Portionen, die dann gleich gegessen werden. So kannst du übrig gebliebenen Salat und davon getrennt die Soße für den nächsten Tag aufheben.

Weitere Tipps für den bunten Sommersalat:

- Eine Handvoll Sonnenblumenkerne oder gehackte Nüsse, Mandeln usw. rösten (in einer Pfanne ohne Fett, Herd auf mittlere Stufe, immer gut rühren!) und über den Salat geben
- Sammle ein paar essbare Blüten, z.B. Gänseblümchen, Löwenzahn, Borretsch, Ringelblume und streue sie ganz oder nur ihre Blütenblätter als leckere Deko über den Salat.

Gurkensalat (vegan)

Dieser leckere schnelle Sommersalat schmeckt in den Monaten am besten, wenn die Gurken kurze Wege haben. Dann sind sie besonders knackig und frisch.

Das brauchst du:

- **Eine große Salatgurke**
- **Salz, Pfeffer**
- **1 EL Balsamessig**
- **1 EL kaltgepresstes Öl (Olive, Sonnenblume o. Ä.)**
- **1 TL Zucker**
- **1 EL Dill (nach Geschmack)**

Bei uns gibt es ja Salatgurken zu jeder Jahreszeit. Außerhalb der Saison bei uns werden sie (für den Verkauf im Supermarkt) gern in Plastik eingeschweißt .Das ist nicht nur mit Plastikmüll verbunden, sondern die Folie beeinflusst auch den Geschmack. Salatgurken schmecken dann irgendwie muffig. Also lieber auf dem Markt frisch vom Erzeuger kaufen, selbst anbauen oder auf jeden Fall ohne Folie.

So geht's:

- Gurke waschen. Wenn sie aus biologischer Landwirtschaft stammt und ganz frisch ist, wäre es viel zu schade, sie zu schälen
- Gurke in dünne Scheiben schneiden, dabei die Enden verwerfen
- Aus den anderen Zutaten eine Salatsoße zubereiten und über die Gurkenscheiben geben. Ein paar Minuten durchziehen lassen und genießen

Gazpacho (vegan)

Gazpacho (sprich: Gaspatscho) ist eine kalte Suppe für heiße Sommertage. Das Rezept stammt aus Andalusien, dem Süden Spaniens, wo es sehr oft sehr heiß ist. Dort wachsen die aromatischsten Tomaten, die ich kenne – eine der Hauptzutaten für diese Suppe. KH

Dieses Traditionsgericht ist eigentlich eine Resteverwertung. Jede Hausfrau und jedes Restaurant in Andalusien haben ihr eigenes überliefertes Gazpacho-Rezept: Die Grundlage bilden zwar immer Brot, Tomaten und Olivenöl. Aber welche Zutaten man sonst noch hinzufügt, sagt einem ein Blick in den Kühlschrank, den Garten oder wird durch das aktuelle Angebot des Marktstandes bestimmt. Der eigene Geschmack entscheidet letztendlich über die Menge und Zusammensetzung der Gewürze und Kräuter.

Das brauchst du:

- ca. 200 g Weißbrot (Dinkel oder Weizen)
- 500 g Tomaten
- 1 grüne oder rote Paprika
- 1 kleine Salatgurke
- 1 Knoblauchzehe (oder mehr, wenn du magst)
- ½ Glas Olivenöl
- 3–5 EL Balsamico-Essig je nach Geschmack
- 1 TL Salz je nach Geschmack
- 1 TL Zucker je nach Geschmack
- 1 TL Paprikapulver (edelsüß)
- ½–1 frische rote Chilischote je nach Geschmack
- ca. 750 ml kaltes (Leitungs-)Wasser
- evtl. etwas frische mediterrane Kräuter (Rosmarin, Thymian, Oregano)

So geht's:

- Weißbrot in Stücke schneiden und im Wasser einweichen
- Tomaten vierteln, Stielansatz entfernen und in Stücke schneiden
- Paprika vierteln, Stielansatz, Kerne und weiße Leisten entfernen
- Salatgurke (mit Schale) in Stücke schneiden
- Knoblauchzehe und evtl. Chilischote (ohne Kerne und weiße Leisten) hacken
- Gemüse zum Weißbrot geben, das Olivenöl zufügen und mit dem Pürierstab gründlich zerkleinern, bis eine glatte Suppe entsteht
- Mit Essig, Salz, Zucker, Paprikapulver, evtl. Chilischote und Kräuter würzen
- Die Mengenangaben vom Balsamico-Essig, den Gewürzen und Kräutern sind meine Vorschläge.
- Suppe im Kühlschrank kalt stellen
- Vor dem Servieren mit so viel Wasser auffüllen, bis die Suppe die gewünschte Konsistenz hat
- Nochmal abschmecken und evtl. nachwürzen

Für mich schmeckt gerade diese Suppe nach Sommer, Sonne und lauen Abenden auf der Terrasse.

Kalte Kartoffel-Gurken-Suppe

Diese Suppe ist ein Sommertraum für heiße Tage, aber sie sollte eine Weile – am besten über Nacht – im Kühlschrank durchziehen. Daher bitte rechtzeitig anfangen!

Das brauchst du:

- 4 festkochende Kartoffeln (ca. 300-400 g)
- 2 hart gekochte Eier
- 1 große oder 2 kleine Salatgurke(n)
- 10 Radieschen
- 1 Bund Dill
- ½ Bund Petersilie
- 250 ml Kefir oder Buttermilch
- 1 Becher saure Sahne
- ca. 250 ml Wasser
- 1–2 TL Salz
- 1 TL Pfeffer
- 1 TL Zucker
- Saft von 1 Zitrone
- etwas Schnittlauch, Petersilie oder Dill zur Dekoration

Tipp: Dazu schmeckt frisch gebackenes Fladenbrot (s. S. 134)

So geht's:

- Eier und Kartoffeln kochen, pellen und anschließend vollkommen auskühlen lassen. Anschließend in kleine Stücke schneiden
- Salatgurke(n) in kleine Stücke schneiden
- Kefir bzw. Buttermilch, saure Sahne und Wasser verrühren. Die Hälfte der Kartoffel- und Gurkenstücke zur Flüssigkeit geben und pürieren
- Kräuter waschen, grobe Stiele entfernen und fein hacken. Etwas für die Deko übrig lassen
- Radieschen in kleine Würfel schneiden und zusammen mit den Eier-Stücken zur Suppe geben
- Mit Kräutern, Zitronensaft, Pfeffer, Salz und Zucker abschmecken
- Bis zum Verzehr mindestens drei Stunden im Kühlschrank ziehen lassen
- Kalt mit Kräutern bestreut servieren

Tomatensuppe (vegan)

Erst im Spätsommer haben die Tomaten, die hier im Freiland wachsen, genügend Sonne abbekommen, um richtig süß und aromatisch zu schmecken.

Im August gibt es bei uns Tomaten satt, und du kannst sie für viele unterschiedliche Gerichte einsetzen (Salate, Soßen, Suppen, Tomaten & Mozzarella und und und).

Das brauchst du:

- **1 kg Tomaten (reife Fleisch- oder Strauchtomaten)**
- **2 Zwiebeln**
- **2 Knoblauchzehen**
- **Olivenöl**
- **1 l Gemüsebrühe**
- **1 TL Zucker**
- **Salz**
- **Pfeffer**
- **Thymian, Oregano**
- **3 TL Tomatenmark**
- **Petersilie**

Möchtest du die Suppe mit etwas Mehl oder Grieß andicken? Dann brauchst du etwa 30 g Vollkornmehl oder Dinkelgrieß.

So geht's:

Tomaten häuten: Die Haut wird beim Kochen hart und kann das Zungengefühl etwas stören. Wenn man die Tomaten in ganz kleine Stücke schneidet, kann man sie auch ungehäutet nehmen.

- Die Tomaten an der Unterseite kreuzweise anritzen und in eine große Schüssel legen
- Mit kochendem oder sehr heißem Wasser übergießen
- Nach 10 Min. vorsichtig die Tomaten aus dem heißen Wasser holen, mit kaltem Wasser abschrecken
- Die Haut und den grünen Knopf auf der Oberseite von der Tomate entfernen und die geschälten Tomaten klein schneiden

Wenn du eine sehr milde Tomatensuppe machen willst, solltest du die Kerne der Tomate vor der Weiterverarbeitung entfernen und auch das Tomatenmark aus der Zutatenliste weglassen. Aber die Entscheidung mit dem Tomatenmark kannst du ja beim Abschmecken treffen.

- Zwiebeln klein würfeln
- Knoblauch fein hacken oder pressen

- Beides in Olivenöl anbraten und nach ca. 3 Min. die Tomatenstücke hinzugeben
- Nach ein paar Minuten die Gemüsebrühe und die Gewürze (ohne die Petersilie) hinzugeben
- auf niedriger Temperatur 20 Min. kochen
- Tomatenmark unterrühren und die Suppe mit einem Pürierstab fein pürieren.Wer's lieber stückig mag, nimmt vor dem Pürieren 1/3 der Suppe ab und rührt sie hinterher unter.
- Andicken: In einer Tasse das Mehl oder den Grieß mit etwas lauwarmem Wasser verrühren, bis keine Klümpchen mehr erkennbar sind. Das Mehlwasser in die heiße Suppe gießen und noch einmal aufkochen lassen.
- Nach Belieben mit den Gewürzen (Salz, Pfeffer und auch noch zusätzlichem Thymian oder Oregano) abschmecken
- Mit ein wenig frischer Petersilie servieren

Besonders lecker ist die Suppe, wenn du sie mit etwas getoastetem (oder ganz frischen) Baguette mit Knoblauchbutter servierst. (Für die Knoblauchbutter ein zimmerwarmes Viertelstück Butter mit etwas gepresstem Knoblauch und einer Prise Salz verkneten.)

Sommerlicher Nudelsalat

Wenn's im Juni mal so richtig heiß wird, kommt dieser frische bunte Salat gerade recht. Er sättigt mittags als Hauptgericht, schmeckt aber genauso gut abends als Beilage zum Grillen. Auch für ein sommerliches Picknick eignet sich der Salat, weil man ihn leicht transportieren kann.

Das brauchst du:

- **250 g Nudeln (dreifarbige Spirelli, Hörnchen oder Penne)**
- **1 rote Paprika**
- **½ Salatgurke (mit Schale)**
- **2 Frühlingszwiebeln**
- **1 kleine Dose Mais**
- **100 g Käse (Gouda)**
- **½ Bund Petersilie**
- **½ Bund Dill**

Soße

- **100 g Joghurt**
- **1 Zitrone oder entsprechend viel Zitronensaft**
- **3 EL kalt gepresstes Öl**
- **etwas Zucker**
- **1 TL Salz**
- **Pfeffer nach Geschmack**
- **2 TL Ganzkornsenf**

So geht's:

- Nudeln in reichlich sprudelnd kochendem Wasser al dente kochen
- Wasser abgießen und die Nudeln abkühlen lassen. Damit sie nicht zusammenkleben, etwas Öl dazugeben und vorsichtig unterrühren
- Paprika waschen, vierteln, Kerne und weiße Leisten entfernen und in kleine Stücke schneiden
- Salatgurke waschen (Wenn es eine Biogurke ist, solltest du sie mit Schale verwerten. Das schmeckt kräftiger und sieht auch hübscher im Salat aus.); Gurke erst längs in 2 Hälften, dann diese nochmals längs durchschneiden; danach die Gurkenstreifen in kleine Stücke schneiden
- Frühlingszwiebeln gründlich säubern und in dünne Ringe schneiden
- Dose Mais öffnen und Flüssigkeit abgießen
- Rinde vom Käse entfernen und ihn in kleine Würfel schneiden
- Petersilie und Dill waschen, grobe Stiele entfernen und fein hacken
- Gemüse, Käse und Kräuter zu den abgekühlten Nudeln geben und vorsichtig umrühren

Soße

- alle Zutaten in ein fest verschließbares Gefäß geben (Marmeladenglas), dann kräftig schütteln, so dass sich die Zutaten gut vermischen
- Soße abschmecken (Sie kann ruhig kräftig schmecken, sie gibt ja den Geschmack für eine große Menge Salat); ggf. mit Salz, Zucker, Zitronensaft, Senf oder Pfeffer nachwürzen
- Soße über den Salat geben und vorsichtig durchrühren
- Salat kühl stellen. Er kann ruhig etwas stehen bleiben und durchziehen

Zucchiniauflauf mit Tomaten und Feta-Grünkern-Füllung

Im Juli kann man aus dem Vollen schöpfen: Im Garten und auf dem Markt gibt es Sommergemüse satt! Baut man eigene Zucchini an, kann es passieren, dass man ein paar Tage im Hochsommer mal nicht nachgeschaut hat, und schon haben die grünen oder gelben Früchte beträchtliche Ausmaße erreicht.

Dies ist ein Rezept für zwei mittelgroße Zucchini, die in ca. ½ cm breite Scheiben geschnitten werden und hochkant abwechselnd mit den Tomatenscheiben in eine flache Auflaufform geschichtet werden.

Das brauchst du:

- 2 Zwiebeln
- 3 EL Olivenöl
- 2 Knoblauchzehen
- 100 g Grünkernschrot (1–2 Std. eingeweicht und gründlich abgetropft)
- Ca. 125 ml Gemüsebrühe
- 2 mittelgroße Zucchini
- 150 g Feta (Schafsfrischkäse)
- ½ Becher Schmand
- 4 EL gemahlene Mandeln
- 2 EL Tomatenmark
- Cayennepfeffer und Salz (nach Geschmack)
- 500 g Tomaten
- reichlich Rosmarin, Thymian und Oregano (wenn's geht frisch)
- Salz, Pfeffer

So geht's:

- Grünkernschrot mit Wasser spülen und dann etwa 1–2 Std. einweichen (verkürzt die Kochzeit), danach gründlich auf einem Sieb abtropfen lassen
- Zwiebeln in Würfel schneiden, Knoblauchzehen hacken und beides im Öl glasig dünsten
- Grünkern dazugeben, kurz mitdünsten, die Brühe dazugeben und aufkochen lassen

- Grünkernschrot danach ca. 5 Min. ausquellen lassen
- Zucchini in ca. ½ cm dicke Scheiben schneiden und in eine Schüssel geben und salzen
- Fetakäse, Schmand, Mandeln, gehackte Kräuter und Tomatenmark unter den Grünkern mischen
- Grünkern-Feta-Masse mit Cayennepfeffer und Salz würzig abschmecken
- Tomaten in Scheiben schneiden
- Zucchinischeiben noch mal mit Wasser spülen und abtropfen lassen (damit sie nicht zu salzig sind)
- In einer gefetteten Auflaufform Zucchini, Tomaten und Soße in Lagen senkrecht schichten. Am besten geht es, indem man die Schüssel an einer Seite auf ein dickes Brett stell, damit sie etwas schräg steht.
- Im Ofen bei 200° C mind. 30 Min. (max. 1 Std) bei Umluft backen

Die kräftig schmeckenden überbackenen Zucchini passen sowohl zu Reis und Pasta als auch zu Kartoffeln.

Tipp: Die Grünkern-Soße ist so lecker, dass ich sie demnächst auch mal zu Pasta als Alternative zu Bolognese verwenden werde, vielleicht mit ein paar frischen Tomaten.

Kartoffelsalat mit Mayonnaise

Dieser Kartoffelsalat ist durch den Joghurt nicht so fettig wie gekaufter Mayonnaise-Kartoffelsalat und schmeckt auch viel frischer durch die Salatgurke. Aber er sollte auch wie gekaufter gekühlt aufbewahrt werden, weil Mayonnaise mit rohen Eiern zubereitet ist und deswegen verschärfte Hygiene erfordert.

Frischer Dill schmeckt mir am besten dazu. Wenn kein frischer zur Verfügung steht, kannst du auch Dill aus der Kühltruhe nehmen.

Das brauchst du:

- **1,5 kg festkochende Kartoffeln, gekocht, abgekühlt und gepellt**
- **1 Salatgurke**
- **6 eingelegte Gewürzgurken**
- **250 g Joghurt**
- **1,5 gehäufter EL Mayonnaise (oder Senf und Joghurt)**
- **1 TL mittelscharfer Senf**
- **1 sehr klein gehackte Zwiebel**
- **Salz, Pfeffer**
- **½ Bund gehackter frischer Dill**

So geht's:

- Joghurt, Mayonnaise und die klein gehackte Zwiebel in eine große Schüssel geben
- Senf, ein halber Teelöffel Salz und ein bisschen Pfeffer zugeben. Richtig abschmecken brauchst du jetzt noch nicht, weil die Gewürzgurken mit ihrem Essig und die Kartoffeln, die einiges an Salz neutralisieren, den Geschmack noch einmal verändern
- Grobe Stiele vom Dill entfernen und ihn fein hacken
- Kartoffeln in Scheiben oder kleine Stückchen schneiden
- Kleingeschnittene Salatgurke zugeben. Ich lasse die Schale dran, wenn die Gurke frisch ist
- Die Gewürzgurken werden natürlich nie geschält.
- Aber auch sie in kleine Stückchen oder Scheibchen schneiden
- Alle Zutaten in die Soße geben und vermischen
- Unmittelbar vor dem Servieren den Salat abschmecken

Eine Frage lautet: genug Salz? Die andere: genug Säure? Du könntest z.B. noch etwas mehr Mayonnaise dazugeben oder noch 1–2 Gewürzgurken. Aber bitte vorsichtig dosieren.
Mayonnaise ist eine kalte Soße aus Eigelb und Öl, mit etwas Senf und Essig.

Kartoffelsalat (vegan)

Dieser Kartoffelsalat ist ein idealer Begleiter zu Sommerpartys oder einem Picknick im Grünen. Da er keine Mayonnaise enthält, muss man sich keine Sorgen darum machen, ihn immer kühl zu halten.

Das brauchst du:

- **1 kg festkochende Kartoffeln, gekocht, gepellt und abgekühlt**
- **1 Salatgurke**
- **2 Paprika (rot, orange oder gelb)**
- **500 g Tomaten**
- **Ein paar Frühlingszwiebeln**

So geht's:

- Kartoffeln in mundgerechte Stücke schneiden
- Gurken brauchen im Sommer nicht geschält zu werden, bitte waschen und in kleine Stücke oder Scheiben schneiden
- Tomaten waschen und in kleine Stücke schneiden
- Paprika aufschneiden, Kerne und weiße Häutchen entfernen und klein schneiden
- Frühlingszwiebeln waschen und in dünne Scheibchen schneiden
- Dieser Salat verträgt so ziemlich alle Zutaten, die du gern im Salat isst: Sprossen, Rucola etc. Bitte entsprechend der anderen Zutaten zerkleinern und zugeben

Salatsoße

Das brauchst du:

- **1 TL Senf**
- **1 EL Agavendicksaft oder 1 TL Zucker**
- **1 Knoblauchzehe, gepresst**
- **2 EL roter Balsamico**
- **2 EL kaltgepresstes Öl**

So geht's:

- Die Zutaten so lange miteinander kräftig verrühren, bis eine etwas dickflüssige Soße entsteht, dann über den Salat geben. Da dieser Salat keine zarten Blattsalate enthält, kann man ihn getrost etwas ziehen lassen oder schon vor dem Ausflug anmachen
- Ich serviere diesen Salat mit einer kräftigen Vinaigrette. Da die Kartoffeln immer noch etwas Säure neutralisieren, solltest du vor dem Servieren noch mal abschmecken und ggf. noch mit Essig und Salz nachwürzen

Dazu passt ideal ein Fladenbrot (s. S. 134) mit Knoblauchbutter.

(Erdbeer-)Eis

Erdbeeren aus heimischem Anbau, selbst gepflückt oder tagesfrisch auf dem Markt gekauft, sind für mich der Inbegriff des beginnenden Sommers. Ab Mitte Juni ist selbst gemachtes Erdbeereis aus frischen sonnengereiften Erdbeeren und Sahne einfach ein Traum!

Um Speiseeis herzustellen, muss man die Zutaten kühlen und ständig rühren. Wenn man sie einfach zusammenrührt und danach in einem Gefäß in den Gefrierschrank stellt, wird die Masse steinhart. Denn es entstehen jede Menge Eiskristalle, die sich beim Essen nicht besonders gut anfühlen und so das Geschmackserlebnis schmälern. Wenn man cremiges Eis haben will, sollte man die Masse beim Einfrieren ständig bewegen.

Das brauchst du:

- **500 ml gut gekühlte Sahne (bei Fruchteis süße oder saure Sahne bzw. Joghurt; bei Vanille-, Schokoladen- oder ähnlichem Milcheis auf jeden Fall süße Schlagsahne)**
- **200 g frische Erdbeeren (oder andere Früchte, auch tiefgekühlte sind möglich)**
- **Zucker nach Geschmack**
- **Etwas Vanille**

So geht's:

Erdbeer- oder anderes Früchteeis

- Mit saurer Sahne: Frische gekühlte Erdbeeren oder gefrorene Früchte klein schneiden und mit der sauren Sahne pürieren und zuckern, danach in die Eismaschine geben
- Mit süßer Sahne: Kühlschrank-kalte Sahne schaumig schlagen und zuckern; die Früchte getrennt pürieren und unter die Sahne ziehen; danach in die Eismaschine geben
- Das Eis muss ca. ½ Std. in der Eismaschine gefrieren
- Eine einfache Eismaschine hat einen dickwandigen Eisbehälter, den man vor der Benutzung erst einmal mindestens 8 Std. in den Gefrierschrank stellen muss. Dann haben die dicken Wände die Kälte gespeichert. So kann man danach auch außerhalb des Gefrierschranks weitermachen
- Außerdem gehört zur Eismaschine noch ein Motor mit einem Rührer. Man befestigt also den Rührer auf dem (noch leeren!!) gut gekühlten Eisbehälter und stellt ihn an. Dann lässt man die zusammengerührte Eismasse durch die Öffnung hineinlaufen. Jetzt gibt der Eisbehälter die gespeicherte Kälte an die Eismasse ab und sie friert langsam ein. Die Maschine bewegt das Ganze und verhindert große Eiskristalle. Wenn der Rührer es nicht mehr schafft, die Eismasse zu bewegen, ist sie fertig
- Aus diesen Behältern das Eis mit einem Holz- oder Plastiklöffel kratzen, damit die innere Beschichtung der Eismaschine nicht beschädigt wird

Eis ohne Eismaschine

- Gefrorene Früchte mit einem Blender mit sehr kalter Sahne und Zucker pürieren (s.o. mit süßer oder saurer Sahne)
- Wenn du diese Masse danach in einem Gefäß in den Gefrierschrank stellst und etwa alle 10 Min. einmal mit einem Holzlöffel durchknetest, kannst du die gleiche Cremigkeit wie in einer Eismaschine erreichen

Rote Grütze mit Vanillesoße (vegan)

Wenn im Juli Himbeeren, Johannisbeeren und Sauerkirschen reif sind, ist frische rote Grütze ein typischer norddeutscher Nachtisch – meist zusammen mit Vanillesoße, Eis oder flüssiger süßer Sahne. Im Sommer kann man rote Grütze aber auch gut als leichte kalte Mahlzeit in der heißen Mittagszeit genießen.

Das brauchst du:

- **Etwa 1 kg gemischte Sommerfrüchte, z.B.:**
- **400 g Johannisbeeren (rot, weiß oder/und schwarz)**
- **300 g Sauerkirschen, entsteint (Saft beim Entsteinen auffangen und mitverwenden)**
- **300 g Erdbeeren**

Die Zusammensetzung kann sich am jahreszeitlichen Angebot orientieren, es ist nur wichtig, dass die Früchte säuerlich und saftig sind. Ich mag besonders den Geschmack von Erdbeeren in der roten Grütze. Aber auch Brombeeren und Himbeeren sind sehr lecker.

- **1 Pck. Vanillepuddingpulver**
- **Zucker nach Geschmack**

So geht's:

Eine gute rote Grütze sollte mindestens ein Drittel Früchte mit Biss enthalten, daher sollten z.B. Erdbeeren, Himbeeren oder Brombeeren ganz verwendet werden, damit die Grütze keine Soße wird.

- ca. ¾ der Früchte mit etwas Apfel- oder anderem Fruchtsaft aufkochen
- mit Zucker abschmecken und mit angerührtem Puddingpulver andicken
- Die übrigen Früchte roh unterrühren
- Rote Grütze kalt stellen, ab und zu umrühren

Tipp: Wenn man ein paar nicht entkernte Kirschen zur Roten Grütze gibt **und dies ankündigt**, kann man beim Nachtisch ein Wettessen veranstalten, wer die meisten Kerne findet.

Vanillesoße (vegan möglich)

Das brauchst du:

- **500 ml Milch (oder Milch und Sahne) – vegan mit Mandelmilch**
- **½ Pck. Vanillepuddingpulver oder 1 Pck. Vanillesoßenpulver**
- **Zucker nach Geschmack**

So geht's:

- Puddingpulver mit etwas Milch und Zucker verrühren; die übrige Milch zum Kochen bringen
- das angerührte Pulver zugeben; gut verrühren, einmal aufkochen lassen
- ebenfalls kalt stellen und regelmäßig umrühren, um zu verhindern, dass sich eine Haut auf der Soße bildet

Tipp: Ausgekratzte Vanilleschoten bloß nicht wegwerfen. Sie haben mehr Aroma, als die herausgekratzten Vanillesamen. Wenn man in ein Vorratsgefäß mit Zucker eine Vanilleschote gibt, hat man für sehr lange Zeit (Zucker immer wieder ergänzen) allerbesten Vanillezucker! So kann man sicherstellen, dass der Vanillezucker nur natürliche Aromen enthält.

Sommer-Obstsalat (vegan)

Zarte heimische Früchte haben im Verlauf des Sommers Hochsaison, z.B. Himbeeren, Johannisbeeren, Felsenbirnen, Heidelbeeren, Aronia, Brombeeren und schließlich Pflaumen. In Südeuropa haben Pfirsiche, Nektarinen und Melonen Saison. Sie sind saftig, und ich liebe auch sie als den Geschmack des Sommers. Manchmal erweitere ich meine »Region« in dieser Zeit auf mediterrane Länder und nutze auch diese Früchte, wenn sie nicht »geflogen« sind. (»Flugware« hat eine deutlich zu hohe CO_2-Bilanz.) LO

Das brauchst du:

- **1 kg frisches Obst**
- **evtl. Zitronensaft**
- **1–2 EL gehackte Mandeln nach Belieben**

So geht's:

- alle Früchte waschen
- Früchte mit störenden Steinen entkernen, z.B. Pflaumen
- Früchte gegebenenfalls in mundgerechte Stücke schneiden, z.B. Melone, Pfirsich
- Je nach Säuregehalt der verwendeten Früchte Saft einer Zitrone über den Obstsalat geben
- Nach Geschmack ein paar gehackte Mandeln darüber streuen
- alles vermischen und den Obstsalat servieren – an einem heißen Sommertag am besten leicht gekühlt

Gut schmeckt dazu ein Klecks geschlagene Sahne oder eine Kugel Vanilleeis.

Knusper-Müsli (vegan möglich)

Ein Knuspermüsli mit angerösteten Haferflocken und Nüssen ist ein leckeres Frühstück. Ich liebe es, Himbeeren, Erdbeeren und andere Früchte der Saison und etwas cremigen Joghurt damit zu kombinieren. So möchte ich mindestens dreimal am Tag »frühstücken«. LO

Das brauchst du:

- **200 g Haferflocken**
- **50 g Sonnenblumenkerne**
- **50 g Kokosraspeln**
- **50 g gehackte Mandeln**
- **Etwas Vanille bzw. Vanillezucker**
- **2 EL Butter (durch Öl ersetzen)**
- **30 g Rohrohrzucker**

So geht's:

- Mandeln und Sonnenblumenkerne in einer Pfanne ohne Fett leicht bräunlich rösten
- Hitze reduzieren, Haferflocken und Kokosraspeln zu den Nüssen in die Pfanne geben und ständig rühren
- Wenn es nach angebratenem Hafer duftet, die Butter /das Öl und den Zucker zugeben, weiter rühren, Herd ausstellen
- Wenn der Zucker geschmolzen ist, das Müsli aus der Pfanne auf ein Brett geben und auskühlen lassen

Tipps: Mit Joghurt und Beerenobst der Saison servieren. Wir empfehlen auch die Wildfrüchte, die jetzt reif sind, wie z.B. Felsenbirne.
Das Rezept kann nach Geschmack mit anderen Nüssen, Rosinen oder etwas Kakao abgewandelt werden.

Pflaumenkuchen

Zwetschen- oder Pflaumenkuchen gehört für mich unbedingt zum August. Vor meinem inneren Auge sehe ich eine spätsommerliche Kaffeetafel im milden Nachmittagslicht im Garten. KH

Eine Platte mit übereinander geschichteten Kuchenstücken – herrlich nach Zimt und Pflaumen duftend – wird von zahlreichen Wespen umschwärmt. Trotzdem wird in meiner Erinnerung niemand gestochen. Es geht immer gut aus! Zurück bleibt das intensive Zwetschenaroma, gemildert durch die süße Sahne ...

Das brauchst du:

Für den Hefeteig (genaue Zubereitung s. S. 152)
- **300 g Dinkel-Vollkornmehl**
- **20 g (½ Würfel) Hefe**
- **150 ml lauwarme Milch**
- **50 g Butter**
- **50 g Zucker**
- **1 Ei**
- **1 TL Salz**

Für den Belag (ergibt 1 Blech)
- **2 kg Zwetschen**
- **(Rohrohr-)Zucker nach Belieben**
- **Etwas Zimt nach Geschmack**

So geht's:

Hefeteig
- Zutaten vermischen und gründlich durchkneten
- abgedeckt mindestens 1 Std. an einem warmen Ort oder über Nacht im Kühlschrank gehen lassen, bis der Teig deutlich an Volumen zugenommen hat und elastisch geworden ist
- Ein Blech mit Rand (Fettpfanne) fetten und den Teig mit den Händen gleichmäßig platt drücken; außen einen Rand formen

Belag
- Zwetschen waschen und entsteinen (mit beiden Händen greifen und auf die Naht an der Längsseite drücken, so dass die Pflaume dort platzt – die beiden Hälften sollten an einer Stelle zusammen bleiben.)
- Die aufgeklappten Zwetschen fächerförmig dicht an dicht auf den Kuchen legen (Es darf kein Teig zu sehen sein!)
- Mit Rohrohrzucker bestreuen
- Evtl. etwas Zimt darüber streuen
- Blech auf die mittlere Schiene in den Ofen schieben, ca. 30 Min. bei knapp 200° C und Umluft backen
- Der Kuchen ist fertig, wenn die Zwetschen Saft gezogen und ihre Farbe von einem Grün zu einem Goldgelb geändert haben. Der Teigrand sollte dabei nicht zu dunkel werden

Tipp: Zu einem richtigen Pflaumenkuchen gehört unbedingt Schlagsahne – leicht gesüßt und mit einer Prise Vanille oder etwas Zimt.

Konfitüre (vegan)

Marmelade ist ein Brotaufstrich, der zu einem wesentlichen Teil aus Zitrusfrüchten (Zitronen, Orangen, Limetten oder Kumquats) besteht. Alle anderen süßen gekochten Brotaufstriche aus Früchten heißen Konfitüre.

In Rezepten für das Konfitürekochen steht oft, man möge z.B. 1 kg »fertig vorbereitete« Früchte nehmen. Das bedeutet, dass man z.B. etwas mehr Sauerkirschen kaufen muss, weil die entsteinten Kirschen verarbeitet werden und dann am Kilo die Kerne fehlen.

Gelierzucker besteht aus Zucker (meistens weißer Rübenzucker), einem Geliermittel (meistens Pektin aus Äpfeln) und bei Nicht-Bio-Gelierzucker auch noch einem Konservierungsmittel.

Wir verwenden meistens 1:2-Gelierzucker, dann ist die Konfitüre schön fruchtig und nicht zu süß.

Das brauchst du:

- **Pro 1000 g (1 kg) fertig vorbereitete Früchte eine Packung 1:2-Gelierzucker**
- **1,5 kg Früchte (Sauerkirschen, Johannisbeeren, Himbeeren oder andere Früchte aus Garten oder Hecke)**
- **Gewürze wie Ingwer, Zimt oder Kardamom nach Geschmack**

So geht's:

- Früchte waschen und alle matschigen aussortieren
- Wenn die Früchte Kerne haben oder man das Abstribbeln von den Stielen (Johannisbeeren, Holunder) zu aufwändig findet, kann man die Früchte mit etwas Apfelsaft oder Wasser aufkochen und durch die Flotte Lotte (s. S. 140) drehen
- Danach das Fruchtmark und den Gelierzucker in einem großen Topf zum Kochen bringen
- Mindestens 3 Min. (bitte sehr genau sein!) sprudelnd kochen
- Dabei den Schaum mit einem großen Löffel abschöpfen und in ein kaltes Schälchen tun (zum sofortigen Essen und weil der Schaum die Haltbarkeit mindert)
- Wenn der Schaum im Extraschälchen beim Abkühlen etwas dick wird und nicht mehr durch die Schüssel fließt, hat die Konfitüre genug gekocht und geliert
- In vorbereitete, mit kochendem Wasser ausgespülte Gläser mit Schraubdeckel füllen, sofort verschließen und auf den Kopf stellen
- Nach einer Viertelstunde Gläser wieder umdrehen und endgültig abkühlen lassen.

Die Konfitüre ist mindestens ein Jahr haltbar, wenn man sie an einem dunklen kühlen Ort aufbewahrt (Speisekammer, Keller).

Minz-Lassi

Lassi ist ein Joghurt-Getränk aus der indischen Küche, das es in einer salzigen, aber auch süßen Variante (z.B. mit Mango-Fruchtfleisch) gibt. Der Kreuzkümmel sorgt dabei für den orientalischen Geschmack.

Das brauchst du:

- **600 g Naturjoghurt (3,7 % Fett)**
- **250 ml kaltes Wasser**
- **½ TL Cumin (Kreuzkümmel)**
- **1 Msp. Salz oder nach Belieben mehr**
- **evtl. etwas Zitronensaft und etwas Zucker**
- **ein paar frische Minzblätter**
- **evtl. Eiswürfel**

So geht's:

- Den Joghurt, eiskaltes Wasser, Cumin, Salz und sehr klein gehackte Minze mischen und schaumig rühren
- Das Getränk kühl stellen und kurz ziehen lassen
- mit Zitronensaft und Zucker abschmecken und kühl servieren
- in Gläser abfüllen und evtl. Eiswürfel dazugeben

Tipp: Minz-Lassi ist herrlich erfrischend und kühlend. Als kleine Stärkung zwischendurch oder zu einem scharf gewürzten Curry gereicht, ist es das perfekte Getränk für heiße Sommertage.

Vollmundig und deftig: Kochen im Herbst

September bis November

Der September ist ein wunderschöner Monat: Abends wird es zwar deutlich früher dunkel als im Hochsommer, und die Nächte können schon richtig kalt werden, aber tagsüber spürt man immer noch die Kraft der Sonne. Morgens glitzern überall mit Tautröpfchen besetzte Spinnennetze im Gras. Und durch die dunstige warme Nachmittagsluft schweben Jungspinnen an langen Fäden. Der Altweibersommer ist da!

Ich habe an diesen warmen Herbsttagen – oder sind es doch noch die letzten Sommertage? – stets das Bedürfnis, jeden Sonnenstrahl zu nutzen. Die milde Wärme tut einfach gut, und ich möchte die satten Farben und das wohlige Gefühl am liebsten mit in die kalte graue Jahreszeit retten. Erinnerung an das Kinderbuch von der Maus Frederick oder an die leichte Melancholie von Trakl-Gedichten wie »In den Nachmittag geflüstert« oder »Verfall« werden wach.

Die Ernte der Naschfrüchte wie Brombeeren und Kornelkirschen läuft langsam aus. Jetzt gehe ich los, um an den Orten, an denen seine Blüten schon so aromatisch geduftet haben, Holunderbeeren zu ernten. Die schweren schwarzen Fruchtdolden des Holunders werden allmählich dick und prall und können gepflückt werden. Es sind fast die letzten saftigen, schnell verderblichen Früchte, die jetzt reifen. Wenn man ihren Geschmack in den Herbst und Winter hinein mitnehmen möchte, muss man sie in Form von Konfitüre, Kompott oder Chutneys haltbar machen.

Im September beginnt auch die Apfel-Hochsaison. Wir finden, dass gerade bei uns in Norddeutschland die besten Äpfel der Welt wachsen. In vielen verschiedenen Sorten ist für jeden Geschmack etwas dabei – von süß und weich bis säuerlich und knackig. Besonders auf dem Wochenmarkt, wo viele Erzeuger stehen, wird jede und jeder SEINE Apfelsorte finden. Auf einem Hamburger Wochenmarkt haben Kinder aus Lores Kochkurs 18 verschiedene Apfelsorten aus heimischem Anbau gezählt.

Im Oktober ist das Wetter oft schon kühler und nasser. Andererseits wird die Natur noch einmal richtig bunt: In meinem Garten blühen die Herbstastern in Weiß, Blau, Rosa und Violett. Auf einigen Wiesen leuch-

ten lila Tupfen im grünen Gras. Die giftige Herbstzeitlose, die man leicht mit einem Krokus verwechseln kann, bietet den Hummeln und Bienen wertvolle Nahrung. Viele Bäume zeigen nun eine neue Farbenpracht. Die Herbstblätter der Linden leuchten gelb, und die Ahorne strahlen in Rot- und Orangetönen. Die Bäume ziehen alle verwertbaren Nährstoffe aus den Blättern und lagern sie ein, damit sie beim Frühjahrsaustrieb wieder zur Verfügung stehen. Dabei wird das wertvolle Blattgrün zuerst abgebaut, und die anderen Farben kommen zum Vorschein. Außerdem werden in den »alten« Blättern Abfallstoffe eingelagert, die der Baum nicht mehr braucht. Wenn diese Prozesse abgeschlossen sind, kann der Baum die Blätter abwerfen.

Genau wie der Frühling ist auch der Herbst für mich eine Jahreszeit der schnellen Veränderung und der Bewegung. Nur schwer kann ich in diesen Monaten einen immer gleichen Alltag zu Hause aushalten. Am liebsten würde ich mich vom Wind durchpusten lassen, zu einer Wanderung mit unbestimmtem Ziel aufbrechen oder auf dem Fahrrad einfach ins Land hineinfahren.

Neben den Bäumen bereiten sich auch andere Pflanzen auf den Winter vor. Viele bilden unterirdische Speicherorgane aus, beispielsweise Rüben und Knollen. Ich mag z.B. Rote Bete jetzt besonders gern, weil sie frisch aus der Erde noch richtig süß ist. Wenn wir sie nicht ernten, können die Pflanzen mit diesem Proviant im nächsten Jahr schnell austreiben. Diese Speicherorgane sind aber sehr gut lagerfähig, daher werden sie gern als Gemüse eingebracht, das ohne Schaden den Winter übersteht. Manche Pflanzen entwickeln hartschalige widerstandsfähige Samen, z.B. Wal- und Haselnüsse, in denen wertvolle Inhaltsstoffe gelagert werden.

So ist nun auf den Feldern die Ernte in vollem Gange: Kartoffeln, Rüben, Kohl und Kürbisse werden eingefahren. In Supermärkten und auf dem Wochenmarkt gibt es jetzt eine üppige Vielfalt in der Umgebung geernteter Gemüse- und Obstsorten. Deshalb fällt auch das Erntedankfest in diese Zeit. Wenn man sich auf die Haltbarmachung von Gemüse (Fermentierung, Einkochen) versteht, kann man sich um diese Jahreszeit für kleines Geld gut mit Gemüsevorräten für den Winter ausstatten.

Am Ende des Monats kommt besonders der Kürbis groß raus: In vielen Städten und Dörfern wird mittlerweile Halloween zelebriert. Damit der Kürbis nicht nur als Laterne im Garten steht, sollte man unbedingt das Innere als Kürbissuppe essen.

Im Oktober gibt es in Deutschland noch einmal Schulferien, die den Alltag bis Weihnachten unterbrechen. Ich nutze sie vor dem Winter für verschiedene Aktivitäten an der frischen Luft. Wie wär's mit einer Wanderung durch die bunten Wälder? Mit etwas Glück kann man Bucheckern als Wegzehrung knabbern.

Mit Kindern bietet es sich an, Kastanien zu sammeln. Die rotbraunen glatten Früchte in der Tasche zu haben empfahl Lores Oma immer als Vorsorge gegen Rheuma. Tatsächlich kann Lore über die Wirksamkeit dieser Maßnahme nicht viel sagen. Vielleicht wirkt es ja ... Jedenfalls läuft sie gern im Herbst mit Kastanien in allen Jacken herum und ist von Rheuma bisher verschont geblieben. Mit den übrigen Kastanien kann man dann Männchen bauen oder eine Herbstschale mit den schönsten Blättern, Zapfen und sonstigen Fundsachen aus der Natur des Herbstes gestalten.

Der November hat seinen ganz eigenen Reiz. Wenn man die Leute fragt, ist der November der unbeliebteste Monat des Jahres. Bei uns in Norddeutschland ist es oft ungemütlich kalt und nass. Es kann schon die ersten kräftigen Fröste geben.

Ich finde, die kaum hell werdenden Nebeltage haben auch eine geheimnisvolle Atmosphäre: Die kahlen Bäume strecken ihre Äste wie dürre Arme aus; Krähen krächzen aus dem Grau. Es ist fast ein wenig unheimlich. Die Natur zieht sich auf das Wesentliche zurück: Nur winterharte Strukturen bleiben bestehen. Frostempfindliche Blätter und Blüten werden nicht mehr gebildet. Für das Wohlbefinden an der frischen Luft kann man sich warm und trocken anziehen.

Ich genieße einen Spaziergang im Nebel. Dann fangen sich die winzigen Wassertröpfchen an meinen Wimpern und laufen beim Blinzeln die Wangen runter. Hinterher freue ich mich, wenn ich nach einem Ausflug durch die feuchte Kälte ins gemütlich warme Zimmer treten kann. Wenn es richtig kalt ist, mache ich schon das erste Mal der Kaminofen an und trinke einen hei-

ßen Tee vor dem knisternden Feuer. Außerdem fange ich an zu überlegen, über welche Geschenke sich Familie und Freunde zu Weihnachten freuen, damit der Dezember nicht so hektisch wird.

Kulinarisch ist der Herbst eine Zeit der Fülle: Das letzte sonnengereifte Gemüse des Sommers ist noch vorhanden. Dazu kommen die ersten frischen herbstlichen Gemüse- und Obstsorten, wie z.B. Äpfel und Birnen, Kürbis und Rote Bete, Zwetschen und Nüsse. Es lassen sich köstliche Kombinationen ausprobieren. Bunte Rohkost (z.B. Brokkoli und Rotkohl), sämige Suppen (z.B. Blumenkohl- und Kürbissuppe), sättigende Kartoffelgerichte (z.B. Backofengemüse und Béchamelkartoffeln) und nussige bzw. fruchtige Süßigkeiten (z.B. Apfelcreme, Schokoquark und Haselnusskugeln) kommen nun auf den Tisch.

Der Herbst schmeckt süß und vollmundig, satt gelb-orange, nussig-herb und deftig. Und nach Erntedank!

Katharina Henne

Bunter Herbstsalat mit Hokkaido und Roter Bete (vegan ohne Honig)

Dieser Salat ist lecker und eine Augenweide und kann sehr gut vorbereitet werden. Die Farben leuchten auf jeder Tafel. Die meisten meiner Gäste waren erstaunt, dass man Kürbis auch roh essen kann. Er schmeckt angenehm mild und harmoniert gut mit dem erdigen Geschmack von Roter Bete. Dazu passt das nussige Aroma der gerösteten Sonnenblumenkerne super. LO

Das brauchst du:

- ¼ Hokkaido-Kürbis, gewaschen und entkernt
- 1 große Rote Bete
- Evtl. 1 kleine Handvoll Feldsalat
- Eine Handvoll Sonnenblumenkerne

Für die Salatsoße:

- 1 TL Senf
- 1 TL Honig oder Apfel- oder Agavendicksaft
- 1 kl. Zehe Knoblauch
- 2 EL milden Essig
- 3 EL kaltgepresstes Öl (Olive, Sonnenblume etc.)
- Salz und Pfeffer

So geht's:

- Rote Bete schälen (evtl. mit Handschuhen, sie färben!!) und grob raspeln
- Hokkaido-Kürbis waschen, vierteln und ein Viertel entkernen
- Hokkaidoviertel (mit Schale) ebenfalls raspeln
- Sonnenblumenkerne ohne Fett bei mittlerer Hitze in der Pfanne rösten (Vorsicht, erst passiert lange nix, dann werden sie schnell schwarz. Wenn sie anfangen zu duften, permanent rühren!). Dann abkühlen lassen
- Wer mag, kann auch noch die gewaschenen Feldsalatblättchen mit in den Salat tun, für etwas Grün (oberste Schicht bei den Gläschen; als dritte Komponente auf dem Teller)
- Alle Zutaten für die Salatsoße zusammengeben und gründlich durchschütteln. Entweder die Vinaigrette getrennt reichen oder kurz vor dem Servieren über den Salat geben
- Sonnenblumenkerne können als Topping darüber gestreut werden
- Ich serviere diesen Salat wegen der tollen Farben gern in Gläsern. Unten die geraspelte Rote Bete (wenn man die Schicht oben macht, färbt der Saft der Roten Bete auch den Kürbis krapprot) und oben den Hokkaido. Oder man arrangiert die Hokkaido- und Rote-Bete-Raspel nebeneinander auf einem Teller

Rotkohlsalat mit Äpfeln (vegan)

Rotkohl schmeckt nicht nur gekocht, sondern eignet sich auch gut für einen peppig-farbigen Rohkostsalat im Winter. Er harmoniert gut mit einer fruchtigen Vinaigrette und den aromatischen Walnüssen.

Das brauchst du:

- ½ kleinen Rotkohl
- 1 säuerlichen Apfel
- 1 mittelgroße Zwiebel
- einige Walnüsse (30–50 g Walnusskerne)
- Vinaigrette aus Obstessig, Apfelsaft, nativem Öl (z.B. Raps,Sonnenblumen oder Oliven), Apfeldicksaft oder Honig, Senf, Salz, Pfeffer

So geht's:

- Rotkohl waschen, halbieren und den Strunk entfernen
- Den halben Rotkohl längs in 4 Stücke schneiden und zusammenhalten; die Stücke in feine Streifen schneiden
- Apfel waschen, möglichst nicht schälen, in 8 Schiffchen schneiden, Kerngehäuse entfernen
- Apfelschiffchen in dünne Scheibchen schneiden
- Zwiebel schälen und in möglichst feine Würfel schneiden
- Walnusskerne hacken, ohne Fett in der Pfanne leicht anrösten und abkühlen lassen
- Rotkohl, Apfel- und Zwiebelstücke sowie geröstete Walnüsse mischen
- Aus Obstessig, Apfelsaft, Öl, Apfeldicksaft oder Honig, Senf, Salz und Pfeffer eine Vinaigrette zubereiten (gut durchschütteln)
- Vinaigrette über die Salatmischung geben, durchmischen und einige Zeit durchziehen lassen

Tipp: Dieser Salat ist im Herbst und Winter eine willkommene Vitamin-C-Quelle aus heimischen Zutaten.

Brokkoli-Mandel-Salat

Dieser Salat ist durch den knackigen Brokkoli angenehm bissfest, und die Senföle des Kohls werden durch den Apfel und die Honigsoße lieblich ergänzt.

Der Salat muss noch mindestens zwei Stunden durchziehen – rechtzeitig anfangen!

Das brauchst du:

- **500 g Brokkoli, dunkelgrün, frisch**
- **2 EL Öl**
- **1 kl. Knoblauchzehe gepresst oder klein geschnitten**
- **200 g süße Sahne**
- **1 säuerlichen Apfel**
- **Etwas Zitronensaft**
- **1 TL Honig**
- **1 TL Salz**
- **Pfeffer**
- **60 g Mandelblättchen (oder gehackte Mandeln)**

So geht's:

- Brokkoli waschen und putzen, den Strunk schälen
- Brokkoli sehr fein schneiden, den Strunk grob raspeln
- Apfel waschen, entkernen, in kleine Stücke schneiden
- Aus den restlichen Zutaten (ohne Mandelblättchen) ein Dressing zubereiten, abschmecken, mit dem fein geschnittenen Brokkoli gründlich vermischen
- 2 Std. ziehen lassen
- In der Zwischenzeit die Mandelblättchen in eine Pfanne ohne Öl geben und auf mittlerer Hitze rösten. (Vorsicht, erst passiert lange nix, dann verbrennen sie relativ leicht. Wenn sie anfangen zu duften, ständig rühren und aus der Pfanne in ein Schälchen tun, sobald sie zartbraun sind.)
- Den Salat mit den gerösteten Mandeln als Topping servieren

Sauerkraut-Salat (vegan)

Diesen Salat mag ich besonders gerne in der Kombination aus dem milchsauren Kraut und den süßen aromatischen Weintrauben. So ist er nur für eine kurze Zeit machbar – wenn es auf dem Wochenmarkt noch Trauben gibt und bereits das erste fertig fermentierte Sauerkraut zu haben ist. KH

Später im Jahr gibt es diesen Salat dann mit heimischen Lageräpfeln oder eingeweichten Rosinen. Frisches, lose abgepacktes Sauerkraut ist den ganzen Winter durch erhältlich. Und hier ist auch die Dosenvariante mal eine Alternative.

Sauerkraut ist außerordentlich vitaminreich (besonders an Vitamin C) und wurde früher auf Schiffen mitgeführt, um bei der Besatzung Skorbut zu verhindern.

Das brauchst du:

- **500 g rohes, frisches Sauerkraut**
- **150–200 g Weintrauben (auch möglich mit Birnen, Äpfeln oder 100 g vorher eingeweichten Rosinen)**
- **1 kl. Zwiebel**
- **einige Haselnüsse, Mandeln (15–20 g Kerne) oder eine Handvoll Sonnenblumenkerne**
- **Vinaigrette aus Apfelsaft, nativem Öl (z.B. Sonnenblumen oder Oliven), Apfel- oder Agavendicksaft, etwas Salz und Pfeffer nach Geschmack**

So geht's:

- Sauerkraut etwas kleiner schneiden
- Weintrauben waschen, halbieren und – wenn nötig – Kerne entfernen
- Zwiebel fein hacken
- Haselnüsse bzw. Mandeln oder ersatzweise Sonnenblumenkerne ohne Fett in einer Pfanne anrösten. Mandeln und Nüsse hinterher hacken
- Alle Zutaten zusammen in eine Schüssel geben. Ein paar Weintrauben und Nussstücke für die Dekoration übrig lassen
- Vinaigrette anrühren, über den Salat geben und mischen. Mit den Nüssen dekorieren

Blumenkohlsuppe (vegan möglich)

Nach dem Prinzip dieser Suppe bereite ich viele schnelle Gemüsesuppen zu: Kohlrabi, Zucchini, Rote Bete oder anderes mit ein paar Kartoffeln für die Bindung in Milch kochen und pürieren. So kann man Gemüse, auch wenn es nicht mehr knackig ist, schnell zu einer leckeren Mahlzeit verarbeiten. LO

Das brauchst du:

- **1 Blumenkohl**
- **3 große Kartoffeln oder entsprechend mehr kleine**
- **1 l Milch (vegan mit Hafer- oder Mandelmilch)**
- **2 TL Salz**
- **1 TL Pfeffer**
- **½ TL Muskat**
- **25 g Mandelblättche**
- **zusätzlich Wasser nach Bedarf**
- **evtl. ein paar Blätter Petersilie**

So geht's:

- Blumenkohl waschen, die Blumenkohlröschen klein schneiden
- Strunk und die Kartoffeln schälen und auch klein schneiden
- Milch in einen Topf geben und das Gemüse darin aufkochen. Achtung, die Milch steigt beim Kochen gern im Topf hoch und kann überkochen. Daher dabeibleiben und den Topf vom Herd nehmen, wenn die Milch zu steigen beginnt
- Danach bei kleiner Hitze und geschlossenem Deckel ca. 10 Min. weiterkochen, bis das Gemüse gar ist
- Salz, Pfeffer und etwas frisch geriebenen Muskat zugeben und mit dem Pürierstab zu einer cremigen Suppe verarbeiten
- Nochmals abschmecken und eventuell etwas Wasser zugeben, wenn die Suppe zu dick ist
- Mandelblättchen ohne Fett in einer Pfanne rösten
- Die Suppe damit bestreuen und servieren
- Zur Dekoration kann man zusätzlich eine Prise Muskat auf die Suppe geben oder sie mit ein paar Blättern Petersilie verzieren

Anmerkung: An Muskat scheiden sich die Geister. Ich mag das Gewürz sehr gern, aber es gibt auch viele Menschen, die den Geschmack nicht ausstehen können. Deshalb sollte man mit der Menge sehr zurückhaltend sein, bis man weiß, dass keine Muskathasser unter der Tischgesellschaft sind.

Kürbissuppe mit Croûtons (vegan)

Im Herbst ist Kürbiszeit: Auf dem Markt und auch im Supermarkt gibt es meistens eine große Auswahl verschiedener Sorten. Ich koche gern mit Hokkaido-Kürbis.

Bei dem kann man die Schale mitessen, sie wird beim Kochen ganz weich. Der zweite unschlagbare Vorteil dieser Sorte ist der, dass sie eher klein ist, wenn man sie mit vielen anderen Kürbissorten vergleicht. Der Hokkaido ist sozusagen ein »Portionskürbis«.

Damit man den Kürbis im harten Zustand gar nicht schneiden muss, kann man ihn im Ganzen vorkochen. Dazu wäscht man ihn, legt ihn in einen passenden Topf und köchelt ihn ca. 30 Minuten. Danach wird er vorsichtig aus dem heißen Wasser gehoben und halbiert. Jetzt kann man mit dem Esslöffel die Kürbiskerne herauskratzen.

Danach kann er dann entspannt in große Stücke geschnitten werden und mit dem anderen Gemüse (wenn das in der Gemüsebrühe gar ist) püriert werden.

Das brauchst du:

- **1 l Gemüsebrühe**
- **1 Zwiebel, in kleine Würfel geschnitten**
- **1 mittelgroßer Hokkaido-Kürbis, entkernt und in große Stücke zerteilt**
- **4 große Kartoffeln, geschält und in Stücke geschnitten**
- **4 Karotten, geschält und in Stücke geschnitten**
- **2 gr. säuerliche Äpfel, geschält und entkernt und in große Stücke geschnitten – normalerweise schäle ich Äpfel nicht, aber in dieser Suppe sind sie für die fruchtige Komponente zuständig, da würde die Schale (auch püriert) nur stören**
- **1 TL Curry (Mild Madras), Salz, Pfeffer**

So geht's:

- Zwiebel anbraten, bis sie anfängt zu bräunen
- mit etwas Brühe ablöschen
- Kartoffeln, Karotten und die restliche Brühe zugeben
- ca. 1 Teelöffel Curry zugeben und Salz nach Geschmack
- Apfelstücke oben auf das Gemüse zugeben
- Kochen, bis das Gemüse und die Äpfel weich sind
- Weiche Kürbisstücke zum anderen Gemüse geben
- Pürieren und abschmecken

Croûtons

Das brauchst du:

- **6 Scheiben braun getoasteter Körnerbrot**
- **Reichlich Öl für die Pfanne**
- **evtl. 1 TL Butter für den Geschmack (vegan ohne Butter)**
- **1 Knoblauchzehe, gepresst**

  Wenn man das Brot bereits vor der Pfanne so lange toastet, bis die Scheiben etwas bräunen, dauert das Rösten in der Pfanne nicht so lange. Man könnte das Rösten theoretisch auch im Backofen machen, aber den ganzen Backofen zu heizen, braucht sehr viel mehr Strom, als die Herdplatte unter der Pfanne im gleichen Zeitraum braucht

Croûtons sind würzige, knusprige Brotstückchen, die in einer Extraschüssel zur Suppe gereicht werden. Sie sollten nicht unbedingt untergerührt und weich werden, sondern beim Essen noch etwas im Mund crunchen. Man kann sie übrigens auch als Topping auf einem Salat essen, dann sollten sie allerdings noch etwas kleiner geschnitten werden.

So geht's:

- Öl und die Butter in die Pfanne geben
- Knoblauch dazugeben (möglichst nicht braun werden lassen)
- Brotwürfel dazugeben, auf kleiner Hitze und mit ständigem Umrühren knusprig rösten lassen

Schwarzwurzelsuppe mit karamellisierten Apfelscheiben

Schwarzwurzeln sind ein typisches Wintergemüse. Ich habe sie mal eingepflanzt, weil mich interessiert hat, was sich denn für eine Pflanze dahinter verbirgt. LO

Es ist tatsächlich ein Korbblütler (dieselbe Familie wie Löwenzahn und Herbstaster) mit schmalen spitzen Blättern und einer eher unauffälligen gelben Blüte.
Diese Suppe ist sooo lecker, aber das Beste sind die karamellisierten Apfelscheiben. Hier kommt auch wieder die norddeutsche Vorliebe für die Kombination aus leicht salzig und süß zum Tragen.

Das brauchst du:

- **1 EL Butter**
- **1 Zwiebel klein gehackt**
- **500 g Schwarzwurzeln**
- **250 ml Apfelsaft**
- **500 ml Wasser**
- **2 TL gekörnte Gemüsebrühe**
- **250 ml Schlagsahne**
- **Salz und Pfeffer**
- **1 rotschaliger Apfel**
- **1 gehäuften TL Butter**
- **2 TL Zucker**

So geht's:

- Schwarzwurzeln mit einem Sparschäler schälen (am besten Gummihandschuhen tragen, denn die Schwarzwurzeln färben die Hände)
- Kleinschneiden und sofort in Wasser mit etwas Säure eingelegen (1 l Wasser mit einem kleinen Schluck Essig oder Zitronensaft). Dann bleiben sie schön weiß
- Kleingewürfelte Zwiebeln in einem Topf in der Butter anbraten, bis die Stückchen anfangen, an den Rändern zu bräunen
- Mit Apfelsaft und Wasser ablöschen
- Essigwasser abgießen und Schwarzwurzelstückchen zu den anderen Zutaten in den Topf geben; etwa 15 Mi.n kochen, bis sie weich sind
- Während die Schwarzwurzeln kochen, wird die Einlage aus kandierten Apfelstückchen hergestellt:
- Apfel waschen und in 4 Spalten schneiden. Die Spalten dann in ca. 5 mm dicke Scheibchen teilen
- In einer beschichteten Pfanne etwas Butter bei mittlerer Hitze schmelzen und dann den Zucker gleichmäßig in der Pfanne verteilen. Wenn der gesamte Zucker geschmolzen ist, die Apfelscheibchen dazu legen, etwas anbraten und wenden
- Herd ausstellen. Sind die Apfelstücke glasig, sind sie fertig und können zum Schluss auf die Suppe
- Wenn die Schwarzwurzeln gar sind, werden sie püriert. Die entstandene Suppe probieren und mit Pfeffer und Salz würzen
- Nun die Sahne schlagen, bis sie cremig ist (sie soll nicht steif sein!) und anschließend unter die Suppe rühren

Risi-Pisi (vegan ohne Parmesan)

Reis mit Erbsen, auch Risibisi oder Risi-Pisi genannt, ist ein Klassiker der venezianischen Küche. Allein schon der witzige Name macht auf das Gericht neugierig.

Außerdem geht's schnell (wenn man Tiefkühl-Erbsen nimmt) und lässt sich einfach zubereiten. Wir verwenden gerne Tiefkühlerbsen, weil sie durch das Einfrieren kaum ihren Geschmack verändern. Im frühen Herbst kann man noch frische, rote Paprika kaufen.

Das brauchst du (für 4 Portionen):

- **4 EL Öl**
- **1 klein gewürfelte Zwiebel (s. S. 158)**
- **250 g frische Champignons**
- **2,5 Tassen (300 g) Langkornreis (schau für Reissorten und Wie kocht man Reis? nach auf S. 141)**
- **5 Tassen (625 ml) heißes Wasser mit 2 gehäuften TL gekörnter Gemüsebrühe**
- **300 g Tiefkühlerbsen**
- **2 rote Paprika klein geschnitten**
- **2 EL gehackte Petersilie**
- **Salz und Pfeffer zum Abschmecken**
- **8 EL geriebener Parmesan (oder anderer »Reibekäse«, für vegane Variante weglassen)**

So geht's:

- Zwiebeln schälen, in kleine Würfel hacken (s. S. 158)
- Champignons mit einem Pinsel von Erdresten reinigen und das Stielende abschneiden (nicht waschen, sonst nimmt der Pilz unnötig Wasser auf)
- Pilz in Scheiben schneiden
- Erbsen aus den Schoten lösen oder auftauen (!)
- Petersilie waschen, grobe Stiele entfernen und fein hacken
- Zwiebelwürfel in Öl bei mittlerer Hitze dünsten, bis sie glasig aussehen
- Champignonscheiben zur Zwiebel ins Öl geben und anbraten, bis sie leicht braun sind
- Den Reis in den Topf geben und umrühren
- 1–2 Min. warten
- Das heiße Wasser zugeben und die gekörnte Gemüsebrühe unterrühren
- Flüssigkeit deutlich aufkochen lassen
- Erbsen und Paprika zum Reis geben. Mit Deckel ca. 5 Min. auf niedrigster Stufe kochen. Nicht umrühren!
- Die Platte abschalten und den Topf noch ca. 15–30 Min. (je nach Reissorte s. S. 141) auf der heißen Platte stehenlassen
- Der Reis ist fertig, wenn er weich (aber nicht matschig) ist und das ganze Wasser eingezogen ist
- Petersilie dazugeben, umrühren und alles mischen
- Gegebenenfalls noch mit Salz oder Pfeffer abschmecken
- Parmesan reiben und in einem Schälchen als Topping servieren

Gemüsequiche

Im Oktober können die letzten Zucchini mit dem ersten Wintergemüse verarbeitet werden. Diese Quiche ist das farbenfrohe Ergebnis.

Das brauchst du (für 1 große Springform):

TEIG

- 350 g Dinkel-Vollkornmehl
- 4 EL Olivenöl
- ca. 100 ml lauwarmes Wasser
- ½ TL Salz
- 1 Msp. Rohrzucker
- etwas Butter zum Einfetten der Springform

BELAG

- ca. 250 g Zucchini (gewaschen und klein gewürfelt)
- ca. 200 g Karotten (gewaschen und klein gewürfelt)
- 1 Stange Porree (in Ringen)
- Öl zum Braten
- 125 g kräftiger Käse (z.B. Emmentaler)
- 150 g Brie
- 200 g Sahne oder Schmand (1 Becher)
- 3 Eier
- Saft einer halben Zitrone
- frisch geriebener Muskat, 1,5 TL Salz, Pfeffer, 1 TL gerebelter Thymian, je nach Geschmack

So geht's:

- Zutaten für den Teig schnell zu einem Mürbeteig verkneten (zuerst mit einer Gabel, dann mit den Händen) wenn der Teig sehr krümelig ist, noch etwas Wasser zugeben. Danach mind. 2 Std. im Kühlschrank kalt stellen
- Zucchini- und Kartoffelwürfel im Öl anbraten
- Porreeringe zufügen und auch leicht anbraten (ständig rühren und nicht braun werden lassen)
- Gemüse etwas abkühlen lassen
- Schnitt- und Weichkäse in Würfel schneiden
- Aus dem Teig in einer eingefetteten Kuchenform (z.B. Springform) einen Boden und Seitenränder (ca. 4 cm hoch) formen
- Angebratenes Gemüse und Käsewürfel gleichmäßig auf dem Boden verteilen
- Sahne oder Schmand, Eier und Gewürze verschlagen und auf der Gemüsekäsemischung verteilen
- Bei 175° C mind. 30 Min. backen (Umluft), bis Teig und Käse oben leicht gebräunt sind
- Mit einem Holzstäbchen oder Messerspitze in der Mitte prüfen, ob das Ei gestockt ist. Wenn es noch flüssig ist, weiterbacken

Grüne Béchamelkartoffeln

Die Grünen Béchamelkartoffeln schmecken hervorragend allein als Hauptgericht. Wenn du Fleisch magst, passen aber auch eine Frikadelle oder ein Würstchen gut dazu. LO

Als Kind waren bei uns die Béchamelkartoffeln mit Schnittlauch ein absolutes Lieblingsessen. Bevor allerdings das Mehl in den Topf kam, um die Soße anzudicken, wurde gewürfelter durchwachsener Speck leicht angebraten (auf keinen Fall auslassen oder braun werden lassen!) und gab dem Gericht ein dezentes Raucharoma. Danach einfach mit der Soße fortfahren.

Das brauchst du:

- **1 kg Kartoffeln (fest oder vorwiegend festkochend, möglichst alle in ähnlicher Größe)**
- **50–75 g Butter**
- **1 fein gehackte Zwiebel (Zwiebeln hacken s. S. 158)**
- **50 g Mehl**
- **750 ml Milch**
- **2 TL gekörnte Gemüsebrühe**
- **1 Bund Schnittlauch oder 1 Bund Petersilie (oder beides)**
- **Zum Abschmecken: gemahlener Pfeffer (1 Msp. bis zu 1 TL je nach Geschmack); ½ TL Zucker; 1 Msp. gemahlene Muskatnuss; Salz (Aber erst probieren! Vielleicht reicht die Brühe schon.)**

So geht's:

- Kartoffeln grob säubern und mit Schale kochen, bis sie bissfest sind
- Kartoffeln mit kaltem Wasser abschrecken und 5 Min. im kalten Wasser stehen lassen
- Kartoffeln pellen und in Scheiben schneiden
- Schnittlauch oder Petersilie waschen, unappetitliche Teile entfernen
- Schnittlauchröhrchen in kleine Stückchen schneiden. Petersilienblätter von den Stielen zupfen, mit einem Wiegemesser fein hacken
- Zerkleinerte Kräuter in einer kleinen Schale beiseite stellen

Mehlschwitze:

- Butter sanft im Topf erhitzen, ohne dass sie braun wird
- Fein gehackte Zwiebel dazugeben und glasig dünsten
- Mehl in den Topf geben und mit der flüssigen Butter verrühren. Ein wenig vor sich hin blubbern lassen. Es darf aber nicht dunkel werden
- 250 ml Milch zum Mehl gießen. Achtung: Es fängt sofort an zu klumpen! Mit dem Schneebesen gleichmäßig und kräftig rühren, bis sich Milch und Mehl zu einer zähen Masse ohne Klümpchen verbunden haben. Den zweiten Viertelliter Milch dazugeben und kräftig rühren
- Wenn wieder eine glatte Masse entstanden ist, die schon etwas flüssiger ist, den Rest der Flüssigkeit auch wieder in zwei Portionen zugießen. Immer weiter rühren!
- Wenn die ganze Flüssigkeit im Topf ist und eine glatte Soße daraus entstanden ist, die gekörnte Gemüsebrühe hinzufügen und noch einmal umrühren. Platte auf niedrigste Stufe schalten und die Soße ganz leicht vor sich hin köcheln lassen
- Soße mit Pfeffer, Salz, Muskatnuss und Zucker abschmecken. Die Soße kann ruhig kräftig schmecken, denn es kommen ja noch die Kartoffeln und die Kräuter dazu
- Kartoffelscheiben in die Soße geben
- Kräuter zufügen und alles noch einmal richtig heiß werden lassen

Diese Art von Mehlschwitze kann man für verschiedene Soßen nutzen: z.B. mit Senf und hart gekochten Eiern für Senfeier oder mit Zwiebeln und Tomaten für eine milde Tomatensoße.

Walnuss-Sellerie-Backlinge

Diese Backlinge sind durch den herben Geschmack der Walnüsse, den würzigen Sellerie und die fruchtigen Äpfel ein gutes Gericht, um den Herbst in all seinen Facetten geschmacklich zu genießen.

Das brauchst du:

- **70 g Hirse**
- **200 ml Gemüsebrühe**
- **70 g Zwiebeln gewürfelt**
- **½ Sellerieknolle**
- **1 gehäufter TL Butter**
- **Eine kleine Handvoll Walnusskerne**
- **80 g Quark**
- **1 TL frisch geriebener Ingwer**
- **1 TL Curry**
- **2 TL Zitronensaft**
- **Cayennepfeffer, Salz**
- **2 Eier**
- **Öl oder Backpapier für das Backblech**
- **2 Äpfel**
- **ein Schuss Holundersaft (oder ein paar Holunderfrüchte, wenn es keine gibt, geht auch ein Schuss Apfelsaft oder Wasser, aber die kardinalrote Farbe entsteht nur mit Holunder)**

Den Rest vielleicht zum Holunderpunsch verarbeiten (s. S. 135)

So geht's:

- Hirse auf einem Sieb mit heißem Wasser waschen, danach in der Gemüsebrühe aufkochen und bei milder Hitze etwa 10 Min. weich kochen, danach beiseite stellen und ausquellen lassen, bis sie nicht mehr knurpsig ist
- Zwiebelwürfel und die geschälte, fein gewürfelte Sellerieknolle in der Butter goldgelb anbraten und bissfest garen
- Walnusskerne hacken und zur Gemüsemischung in die Pfanne geben
- Quark, Gewürze und Zitronensaft untermischen
- Backofen auf 180° C vorheizen
- Äpfel waschen, entkernen und in kleine Stückchen schneiden
- mit etwas Holundersaft kurz ankochen. Die Mischung sollte nicht zu weich sein
- Hirse, Gemüsemischung und Eier in einer Schüssel gründlich vermischen und mit einem Esslöffel kleine portionsgerechte Häufchen auf ein mit Backpapier ausgelegtes Backblech oder eine flache gefettete Form setzen
- Backlinge etwa 10 Min. backen
- Blech aus dem Ofen nehmen, auf jeden Backling etwas Apfel-Holunderkompott geben und kleine Butterflöckchen oben drauf setzen
- Weitere 10 Min. backen und servieren

Backofengemüse mit Kräuterquark

(ohne Quark vegan)

Wenn das Gemüse gerade geerntet und noch schön frisch ist, ist das Backofengemüse ein einfaches und schnelles Essen.

Die folgenden Gemüsezutaten werden höchstens gründlich abgeschrubbt und (außer der Roten Bete) nicht geschält, daher solltest du schon beim Einkauf auf frische Ware achten, die nicht schrumpelig ist.

Das brauchst du:

- **500 g schöne Kartoffeln**
- **2 große Karotten**
- **1 oder 2 Pastinaken, Petersilienwurzeln oder**
- **ein paar Schnitze Hokkaido-Kürbis**
- **oder eine Rote Bete** (das sieht besonders hübsch aus, und sie sind jetzt im Herbst frisch und süß, die solltest du aber schälen)
- **Knoblauch**
- **50 ml Öl (kaltgepresst)**
- **½ TL Salz**

So geht's:

- Kartoffeln und Gemüse mit einer Bürste oder Massagehandschuhen gründlich abschrubben
- In etwa gleich große Stücke schneiden
- Eine dicke Knoblauchzehe, schälen, pressen und mit Öl und Salz mischen
- Öl in die Schüssel mit dem geschnittenen Gemüse geben, alles gründlich vermischen
- Eingeöltes Gemüse auf einem mit Backpapier ausgelegten Backblech verteilen, so dass die Stücke nebeneinander und nicht übereinander liegen
- Bei 200° C im Backofen bei Umluft ca. 25 Min. garen, zwischendurch einmal mit Topflappen das Blech etwas herausziehen und mit einem Pfannenwender die Gemüsestückchen umdrehen
- Mit einem spitzen Messer die Garprobe machen (in die dickste Kartoffel stechen, ob sie schon weich ist)

Wenn zum Backofengemüse noch ein Kräuterquark serviert wird, kann auch ein Spitzenkoch kein hübscheres Essen auf den Tisch bringen.

Kräuterquark

Das brauchst du:

- **250 g Magerquark**
- **250 g fetter Quark (40 %)**
- **etwas Joghurt**
- **Kräuter (Petersilie, Schnittlauch, Majoran, Thymian, Dill etc.).** Schnittlauch mag ich besonders gern, Petersilie ist ein Klassiker, Majoran und Dill sind nicht jedermanns Sache, und mit Thymian sollte man vorsichtig würzen, der ist sehr intensiv. Am besten, man riecht an allen Kräutern, bevor man sie erntet oder kauft und entscheidet dann, was man mag. Man kann z.B. auch nur Schnittlauch nehmen.
- **Salz, Pfeffer**

So geht's:

- Quark und Joghurt in einer Schüssel vermischen
- Kräuter waschen und sehr klein schneiden
- Mit Salz und Pfeffer abschmecken

Diesen Quark kann man auch sehr gut zu Pell- oder Salzkartoffeln essen.

Zwiebelkuchen und Pizza

Während Zwiebelkuchen für mich eindeutig ein Herbstgericht ist – mit den ersten knackigen, frisch geernteten Zwiebeln –, geht Pizza immer.

Für beides kann man als »Unterlage« sowohl einen Hefeteig als auch einen Quarkölteig nehmen. Der Belag lässt sich dann beliebig variieren. Du kannst hier nach Lust und Laune kombinieren. Hier machen wir jeweils einen Vorschlag für einen Zwiebelkuchen und eine Pizza.

Zunächst die Unterlage (für ein Blech):

Hefeteig

(wird krosser, braucht aber mehr Zeit; genaue Teig-Zubereitung s. S. 152)

Das brauchst du:

- **300 g Dinkel-Vollkornmehl**
- **20 g (½ Würfel) frische Hefe**
- **150 ml Wasser oder Milch (handwarm)**
- **Einen Schuss Öl oder 50 g Butter**
- **1 TL Zucker**
- **1 TL Salz**

So geht's:

- Zutaten vermischen und gründlich durchkneten
- abgedeckt mindestens 1 Std. an einem warmen Ort gehen lassen (in der Sonne am Fenster, über der Heizung, im auf 50 ° C vorgewärmten und ausgeschalteten Ofen), bis der Teig deutlich an Volumen zugenommen hat und elastisch geworden ist
- Wenn man den Teig über Nacht im Kühlschrank gehen lässt, kommt man mit viel weniger Hefe aus
- Blech einfetten (mit Butter klebt der Teig später nicht am Blech) oder mit Backpapier auslegen und den Teig ausrollen oder mit den Händen ausdrücken, dabei einen kleinen Rand formen

Quarkölteig

Wenn dir mal die Zeit für einen Hefeteig fehlt oder keine Hefe zur Hand ist, erfüllt ein Quarkölteig genau denselben Zweck. Er wird mindestens ebenso fluffig, geht ratz-fatz und gelingt immer.

Das brauchst du:

- 125 g Quark (Mager- oder 20 % Fett)
- 1 TL Salz
- 1 TL Zucker
- 2 Eier
- 3 EL Olivenöl
- 250 g Mehl
- 1 Pck. Backpulver

So geht's:

- alle Zutaten mit einer Gabel vermischen und mit den Händen zu einem glatten Teigball verkneten. Wenn er zu fest oder gar bröselig ist, mehr Öl zufügen
- Blech einfetten (mit Butter klebt der Teig später nicht am Blech) oder mit Backpapier auslegen und den Teig ausrollen oder mit den Händen ausdrücken, dabei an einen kleinen Rand denken

Zwiebelkuchen

Das brauchst du:

- 1,5 kg Zwiebeln
- ca. 1/8 l Öl
- 250 ml (2 Becher) saure Sahne
- 4 Eier
- 2 TL Salz
- 1 TL Pfeffer
- 2 EL Kümmel

So geht's:

- Zwiebeln pellen und nach Belieben in Ringe oder Stücke schneiden
- Im Öl in der Pfanne andünsten, bis sie anfangen glasig zu werden
- Saure Sahne mit Eiern, Salz und Pfeffer glatt rühren
- Zwiebeln gleichmäßig auf dem Teig verteilen und Eier-Sahne darüber geben, bis zum Rand und in die Ecken glatt streichen
- Nach Belieben Kümmel über den Zwiebelkuchen streuen
- ca. 30 Min. im Ofen (Umluft oder mittlere Schiene) bei knapp 200° C backen, so dass er gelb bis hellbraun erscheint

Tipp: Ein herbstliches Vergnügen zum Zwiebelkuchen ist ein junger Wein / Federweißer oder eine Schorle aus naturtrübem Streuobstwiesen-Apfelsaft.

3-P-Pizza (Pilze, Porree, Pepperoni)

Das brauchst du:

als Grundmasse

- 3–5 EL Olivenöl
- 1 Zwiebel
- 2 Knoblauchzehen
- 1 Dose (400 g) Tomatenstücke (Natur)
- 2 EL Tomatenmark
- 1 TL getrockneter Oregano
- ½ TL getrockneter Rosmarin
- ½ TL getrockneter Thymian
- Salz, Pfeffer, ½ TL Zucker nach Geschmack
- 100 ml Wasser
- 150–200 g Käse (Lore mag am liebsten Gouda, ich kombiniere 1 Mozzarella (125 g) mit 100 g Parmesan)

als Zusatzbelag:

- 150 g Champignons
- 1 Stange Porree
- 100 g eingelegte Pepperoni (mindestens mittelscharf)

So geht's:

- Klein geschnittene Zwiebel und fein gehackten Knoblauch im Olivenöl anbraten, bis die Zwiebel glasig und leicht gebräunt ist
- Tomatenstücke, Tomatenmark und Kräuter dazugeben und 10–15 Min. köcheln lassen
- mit Salz, Pfeffer und Zucker abschmecken und evtl. etwas Wasser zugeben, bis eine streichfähige Soße entsteht

- Tomatensoße auf dem Pizzaboden gleichmäßig verstreichen
- Den (Zusatz-)Belag auf der Tomatensoße verteilen Hier:
  - Champignons säubern und in Scheiben schneiden
  - Porree gründlich – auch zwischen den Blättern – waschen und in dünne Ringe schneiden
  - Pepperoni vorsichtig auf Schärfe testen und entsprechend verwenden, Stiel entfernen und in Stücke schneiden

Man kann natürlich für jeden »Mitesser« die Portion ganz nach dem persönlichen Geschmack belegen und so auf einem Blech vier verschiedene Pizzen zubereiten.

- Den Käse reiben bzw. in kleine Stückchen schneiden (Mozzarella) und über die Pizza streuen
- 15–20 Min. bei 200° C bei Umluft im Ofen backen

Apfelcreme mit Sahne

Für diese Creme benötigst du Äpfel – fast egal in welcher Form. Ab September, wenn bei uns viele verschiedene Apfelsorten reif sind, hat dieser Nachtisch Hochkonjunktur.

Die Creme geht aber auch genauso gut – und schneller – mit bereits fertigem eingemachten oder eingefrorenen Apfelkompott oder Apfelmus. Ja, sogar mit Apfelsaft lässt sich dieser Nachtisch zubereiten. Er eignet sich daher rund ums Jahr, solange dir diese Apfelprodukte zur Verfügung stehen.

Das brauchst du:

- **5 mittelgroße Äpfel oder 750 ml Apfelkompott**
- **2 EL Speisestärke oder 1 Pck. Vanille-Puddingpulver**
- **2 EL Zucker**
- **Je nach Geschmack Saft ½–1 Zitrone**
- **200 ml süße Sahne**
- **½ TL Zimt und etwas zum Bestäuben**
- **1–2 Nelken gemahlen bzw. 1 Msp. Nelkenpulver**
- **Je nach Jahreszeit einige frische Apfelspalten, essbare Blüten oder Zitronenmelisse-Blättchen zur Deko**

So geht's:

- Apfelkompott, Apfelmus oder den Apfelsaft erhitzen und zusätzlichem Zitronensaft abschmecken
- Äpfel entkernen und klein schneiden, mit etwas Wasser weichkochen
- Speisestärke bzw. Puddingpulver mit Zucker, Zimt, Nelkenpulver und etwas Wasser glatt rühren
- Stärkelösung mit der heißen Apfelmasse verrühren und alles einmal aufkochen lassen
- Apfelcreme auf Zimmertemperatur abkühlen lassen. Dabei hin und wieder umrühren, damit sich keine Haut bildet
- Süße Sahne steif schlagen und vorsichtig unter die kalte Apfelcreme ziehen
- Apfelcreme in eine Schüssel oder Portionsschälchen füllen und sie im Kühlschrank kalt stellen
- Creme vor dem Servieren mit Zimt bestäuben und mit Apfelspelten, essbaren Blüten oder Zitronenmelisse-Blättchen dekorieren

Schokoquark mit Birnen

Birnen werden oft schnell matschig oder sind holzig. Aber wenn sie die »richtige« Konsistenz haben – saftig, cremig mit dem charakteristischen Kaugefühl durch die winzigen Steinzellen im Fruchtfleisch – sind sie unwiderstehlich. Frische heimische Birnen in dieser Qualität gibt es nicht lange. In der Zeit von September bis November muss man zugreifen.

Das brauchst du:

- **250 g Halbfett-Quark (20 %)**
- **2–3 EL Joghurt**
- **1 EL Rohrohrzucker**
- **1 EL Kakaopulver (entölt, ungezuckert)**
- **1 Prise Vanille**
- **2–3 Riegel Zartbitterschokolade**
- **2 Birnen**

So geht's:

- Quark, Joghurt, Zucker, Vanille und Kakaopulver verrühren
- Zartbitterschokolade raspeln
- Birnen waschen, vierteln, evtl. schälen und das Kerngehäuse entfernen
- Birnen in Spalten schneiden und auf vier Teller anrichten; den Schokoquark darüber verteilen; die Schokoraspeln über Quark und Birnen streuen

Vanille-Pudding mit Früchten

Im November gibt es frisch nur die lagerfähigen Früchte wie Äpfel oder Birnen aus heimischem Anbau. Aber wenn man im Sommer und Herbst die Überschüsse der Saison haltbar gemacht hat, kann es auch im Winter etwas mehr Abwechslung auf dem Tisch geben. Himbeeren, Brombeeren oder Kirschen kann man einfrieren, um sie dann im Winter zu essen.

Aber noch klimafreundlicher (allerdings vitaminfeindlicher) ist das Einkochen der Früchte. Durch das Erhitzen und Zusatz von Zucker werden Bakterien abgetötet und die Früchte in fest verschlossenen Gläsern haltbar gemacht. Das ist leider auch das Ende von Vitamin C. Aber dadurch, dass die Gläser danach bei Zimmertemperatur gelagert werden können, erfordert die Aufbewahrung nicht noch weiteren Strom.

Eigentlich ist das, was wir so als Pudding kennen, gar kein »echter« Pudding, sondern ein sogenannter »Flammerie«, weil er auf der »Herdflamme« zubereitet wird. Einen »echten« Pudding macht man in einer besonderen Form im Wasserbad. Aber wer sagt schon Vanille- oder Schokoladenflammerie zu dem leckeren Nachtisch, um den es hier geht?

Diese ganzen Tüten mit den unterschiedlichen Puddingsorten (Vanille, Schokolade, Karamell, Sahne usw.) enthalten eigentlich nur Stärke und verschiedene Geschmacksstoffe.

Das brauchst du **(für einen Vanillepudding)**:

- **1 TL Butter (wer mag)**
- **500 ml + 3 EL Milch**
- **1 Pck. Bio-Vanillepuddingpulver**
- **1 Prise Salz**
- **50 g Zucker (je nach Geschmack)**

ODER ohne fertiges Vanillepuddingpulver:

- **1 TL Butter (wer mag)**
- **500 ml + 3 EL Milch**
- **50 g Speisestärke** (In dieser Menge wird der Pudding fest und man kann ihn stürzen.)
- **1 Prise Salz**
- **50 g Vanillezucker (selbst gemacht) und 1 Msp. Vanille**
- **1 Eigelb**

So geht's:

- In einem Topf Butter schmelzen lassen
- Milch, Vanille, Salz zugeben
- Langsam auf mittlerer Stufe zum Kochen bringen
- Puddingpulver/Speisestärke mit den 3 EL Milch und dem Zucker verrühren – ganz glatt und ohne Klumpen
- Die Puddingpulver-/Stärkemilch zur kochenden Milch schütten und gut rühren
- Pudding 2- bis 3-mal aufblubbern lassen
- Topf von der Platte ziehen und Pudding etwas abkühlen lassen. Das Eigelb (bei der Stärkevariante) glatt rühren und unter den noch heißen

Pudding rühren. Das sorgt für die gelbliche Farbe des Vanillepuddings
- Wenn du keine Haut magst, den Pudding hin und wieder so lange rühren, bis er kalt geworden ist
- Pudding in eine hübsche Schüssel geben. Soll der Pudding gestürzt werden, eine Schüssel mit kaltem Wasser ausspülen, den noch heißen Pudding einfüllen und ihn darin abkühlen lassen. Einen Teller auf die Schüssel legen, beides umdrehen, und schwupp – ist der Pudding kopfüber auf dem Teller.

Tipp: Zum Vanillepudding passen besonders gut rote, etwas säuerlich schmeckende Früchte. Wie wäre es mit Sauerkirschen aus dem Glas?

Das brauchst du (für die Fruchtsoße):

- 1 Beutel oder 1 Pck. TK-Beeren bzw. 1 Glas Schattenmorellen – etwa 400 g Früchte
- 500 ml Fruchtsaft (bei den Kirschen der Saft plus evtl. Wasser)
- 1 EL Speisestärke (von Mais oder Kartoffeln)
- Evtl. etwas Zucker zum Abschmecken (1–3 TL)
- Evtl. etwas Zimt (1 Msp.)
- Evtl. etwas Zitronensaft (Saft von ½ Zitrone, 1–2 EL)

So geht's:

- TK-Früchte auftauen lassen
- Saft erhitzen
- Stärke mit etwas kaltem Wasser in einer Tasse verrühren
- Stärkewasser in den heißen Saft gießen und aufkochen (ein paarmal blubbern lassen)
- Früchte und je nach Geschmack Zucker, Zimt und Zitronensaft unterrühren. Abkühlen lassen

Waffeln

Ich liebe Waffeln aus Dinkelvollkornmehl. Sie haben einen eigenen Geschmack und sind nicht so langweilig wie solche aus ausgesiebtem Weißmehl. LO

Wenn die Menschen allerdings »Vollkorn« hören, denken sie immer an das leicht strohige Gefühl, das Weizenvollkorn oft auf der Zunge hinterlässt. Dinkel aber ist anders und noch besser mit selbst gemahlenem frischem Mehl, das man in der eigenen Mühle produziert. Möchte man frisch gemahlenes Mehl, braucht man nicht gleich eine eigene Mühle: Man kann sich auch in vielen Bioläden und Reformhäusern Getreide frisch mahlen lassen.

Das brauchst du (für ca. 6 Stück):

- **100 g Butter**
- **100 g Zucker (gern selbst gemachter Vanillezucker)**
- **2 Eier**
- **½ TL Backpulver**
- **etwas Milch**
- **120 g Dinkelvollkornmehl**
- **1 Prise Salz**

So geht's:

- Butter schmelzen
- Zucker, Eier und etwas Milch zugeben und rühren, bis der Zucker nicht mehr knirscht
- Mehl mit dem Backpulver vermischen und unterziehen
- An dieser Stelle sollte man den Teig kontrollieren: Wenn er zu dick ist (er geht nicht mehr vom Löffel runter) gern noch etwas Milch zugeben, oder Mehl, wenn er zu flüssig ist
- Im Waffeleisen portionsweise ausbacken (evtl. das Waffeleisen am Anfang etwas buttern)

Katharina: Ich liebe Waffeln auf Norwegisch: Den Waffelteig kann man genau wie oben zubereiten. Der Zucker kann ruhig auf 50 g reduziert werden. Das Besondere ist das Topping: In Norwegen steht neben dem Waffeleisen oder auf dem Tresen stets eine Schale Rømme (eine Art Crème fraîche) und ein Glas Erdbeermarmelade. Auf die noch warme Waffel kommt ein großer Klecks Rømme und darauf ein kleiner Klecks Erdbeermarmelade. Köstlich!!

Eingekochtes Obst (vegan)

Wer im frühen Herbst viele Zwetschen hat, kann sie in Gläsern einkochen und zu unseren Armen Rittern reichen (s. S. 102). Dieses Rezept klappt auch genau so gut mit Sommerfrüchten wie Sauerkirschen, Erdbeeren oder Johannisbeeren. Dabei muss eventuell die Zuckermenge angepasst werden.

Zwetschenkompott (vegan)

Das brauchst du:

- **500 g Zwetschen**
- **2 EL Zucker**
- **1 TL Zimt**
- **½ TL Kardamom**
- **500 ml Apfelsaft etc.**

So geht's:

- Zwetschen säubern, halbieren und entsteinen. Sind die Zwetschen zu groß oder ist das Glas zu klein, sollte man die Früchte vierteln
- Früchte im Saft mit den Gewürzen aufkochen und kurz dünsten, bis sie weich sind
- In vorbereitete, heiß ausgespülte Twist-Off-Gläser abfüllen und sofort verschließen
- Gläser auf den Kopf stellen und abkühlen lassen

Das eingekochte Obst hält sich gut über den Winter.

Wem das selbst gemachte Kompott als Nachtisch zu flüssig ist, kann den Saft aus den Gläsern mit den Früchten in einem Topf auffangen, zum Kochen bringen und etwas andicken. Dazu nimmt man von der noch kalten Flüssigkeit 2–3 Esslöffel ab und rührt sie mit einem gehäuften Teelöffel Speisestärke oder Vanillepuddingpulver an. Dann wird in einem Topf die Flüssigkeit zum Kochen gebracht. In den sprudelnden Saft wird dann die angerührte Stärke mit einem Schneebesen eingerührt und sofort die Hitze reduziert. Bitte gut rühren, damit sich keine Klümpchen bilden. Danach die Soße etwas abkühlen lassen, die Früchte wieder zufügen und servieren.

Chutney (vegan)

Chutneys kommen ursprünglich aus der indischen Küche und sind würzige Soßen, von denen es süß-saure bis hin zu scharf-pikante Varianten gibt. Die Engländer brachten sie mit nach Europa, und hier haben sie bei Grillpartys, zu Fleisch, auf Käseplatten oder zu Reisgerichten Karriere gemacht. KH

Im Herbst koche ich gerne Chutneys. Als Basis eigenen sich Tomaten, Zwiebeln, Äpfel oder Kürbis. Ich experimentiere auch gern mit Wildfrüchten wie Vogelbeeren, Kirschpflaumen und Holunderbeeren. Ähnlich wie Konfitüren kann man Chutneys – kochend in Gläsern abgefüllt – lange aufheben. Der Herstellungsaufwand lohnt sich also auf jeden Fall.

Pikantes Apfelchutney

(ergibt ca. 2 Liter)

Das brauchst du:

- **1 kg säuerliche Äpfel (säubern, mit Schale in Stücke schneiden) – die Stückchen wiegen**
- **500 g Zwiebeln (schälen, in Stücke schneiden)**
- **500 g Kürbis (festfleischig, kein Hokkaido; das Fleisch in Stücke schneiden)**
- **500 ml Apfelessig**
- **1 Stück frischer Ingwer (ca. 5 cm lang)**
- **1 frische, rote Chilischote oder 2 rote Pepperoni (nach Geschmack auch mehr)**
- **3 EL Senfsamen**
- **ca. 200 g brauner Zucker (Rohrohrzucker)**
- **1 EL Salz (oder mehr)**

So geht's:

- Apfelstücke, Zwiebeln und Kürbisstücke in einem Kochtopf mit Essig übergießen
- Ingwer schälen und fein hacken
- Chilischote sehr fein hacken (ggf. mit Handschuhen)
- Ingwer, Chili und Senfsamen mit in den Topf geben und mit Deckel ca. 20 Min. kochen lassen, bis die Kürbisstückchen gar (aber noch bissfest) sind
- Zucker zugeben; ohne Deckel unter Rühren köcheln lassen, bis sich der Zucker gelöst hat und ein Großteil der Flüssigkeit verdampft ist (½ bis 1 Std.)
- mit Salz abschmecken
- sofort in saubere Gläser füllen und mind. 5 Min. kopfüber stehen lassen

Tomaten-Sellerie-Chutney

(ergibt ca. 2 Liter)

Das brauchst du:

- 1 kg Tomaten
- 2 mittelgroße Zwiebeln
- 500 g Knollensellerie
- 150 ml Balsamico-Essig
- 1 frische rote Chilischote (nach Geschmack auch mehr)
- ½ TL gemahlener Piment
- 1 Msp. gemahlene Nelken
- 2 EL Senfsamen
- 1 TL getrockneter Thymian
- ca. 150 g brauner Zucker (Rohrohrzucker)
- 1 EL Salz (oder mehr)

So geht's:

- Tomaten-, Zwiebel- und Sellerie in Stücke schneiden, in einem Kochtopf mit Essig übergießen
- Chilischote sehr fein hacken (ggf. mit Handschuhen)
- alle Zutaten in einen großen Topf geben und mit den Gewürzen und dem Zucker mischen
- Chutney-Mischung unter Rühren zum Kochen bringen
- Ohne Deckel unter Rühren köcheln lassen, bis sich der Zucker gelöst hat, der Sellerie gar ist und ein Großteil der Flüssigkeit verdampft ist (½ bis 1 Std.)
- nochmals mit Salz abschmecken
- sofort in saubere Gläser füllen und mind. 5 Min. kopfüber stehen lassen

Walnusskranz mit Zitronenguss

Wer Walnüsse mag, für den ist dieser Kuchen ein Traum. Ich jedenfalls liebe ihn.
Für diesen Kuchen brauchst du 150 g gemahlene und 50–100 g grob gehackte Walnüsse. KH

Meistens kann man Walnüsse nicht in gemahlener oder gehackter Form kaufen. D.h. vor dem Genuss des Kuchens steht eventuell noch Nüsse knacken und wahrscheinlich Nüsse hacken auf dem Programm.

Aber der Reihe nach: Walnüsse sind am günstigsten, wenn du sie noch in der Schale kaufst. Allerdings brauchst du dann für 250 g gemahlene Nüsse ungefähr 700 g Nüsse in der Schale.

Die Nüsse kannst du im Mixer oder Blender zerkleinern, mit einem Messer hacken, oder du füllst die Walnusskerne in eine stabile Plastiktüte und quetscht sie mit einem Kartoffelstampfer. Übrigens sind die Walnusshälften so weich, dass du sie auch leicht mit den Fingern in kleinere Stückchen brechen kannst, anstatt sie mit dem Messer zu hacken.

Die Walnusskerne müssen nicht gleichmäßig gehackt oder gemahlen werden, es dürfen gerne unterschiedlich große Stückchen sein.

Das brauchst du:

- **165 g Butter (weich)**
- **150 g Rohrohrzucker**
- **1 Msp. echte Vanille**
- **4 Eier**
- **280 g Dinkel-Vollkornmehl**
- **½ TL Salz**
- **1 Pck. Backpulver**
- **½ TL Zimt**
- **1 Messerspitze Muskatnuss**
- **6 EL Milch (beim Vollkornmehl evtl. etwas mehr)**
- **250–300 g Walnusskerne (jeweils etwa die Hälfte gemahlen und gehackt)**

Für den Zitronenguss:

- **200 g Puderzucker**
- **4–5 EL Zitronensaft**

So geht's:

- Butter mit einem Rührgerät erst cremig und mit dem Zucker (plus Vanille) schaumig rühren
- Eier nach und nach zur Buttermasse geben; jedes Ei gründlich verrühren
- Mehl mit dem Salz, dem Backpulver, der geriebenen Muskatnuss und dem Zimt vermischen
- Mehlmischung mit einem Esslöffel immer abwechselnd mit der Milch zur Butter-Zucker-Eier-Masse geben. Alles vorsichtig, aber möglichst schnell miteinander verrühren
- Zum Schluss die Walnüsse unterrühren
- Kuchenteig gleichmäßig in die gründlich gebutterte Kuchenform füllen
- bei 175 ° C Umluft (oder Unter- und Oberhitze) auf der mittleren Schiene ungefähr 60 Min. backen
- nach etwa 45 Min. kontrollieren; wenn er oben zu dunkel wird, den Kuchen mit einer Alufolie abdecken
- Er ist fertig, wenn an einem in den Kuchen gesteckten Holzstäbchen kein klebriger Teig mehr haften bleibt

Zitronenguss:

- Puderzucker löffelweise mit dem Zitronensaft verrühren, bis eine glatte und leicht fließende Creme ohne Klümpchen entstanden ist
- mit einem Pinsel oder Teelöffel über den ausgekühlten Kuchen streichen. Der Zitronenguss zieht allmählich in den Kuchen ein und wird hart

Vielleicht mit einen fruchtigen Punsch servieren? (s. S. 135)

Arme Ritter mit Zwetschen-Kompott

Arme Ritter sind ein total einfaches, köstliches und sättigendes Gericht – süß als Nachtisch oder salzig mit einem frischen Salat als schnelles Hauptgericht zuzubereiten.

Das brauchst du:

- Ein Baguette oder Brötchen vom Vortag oder ein paar Toastscheiben (gern altes oder trockenes Brot)
- ca. 300 ml Milch
- 3 Eier (verquirlt)
- 1 EL Zucker (nicht für die salzige Variante)
- 1 Prise Salz (für die salzige Variante 1 TL Salz und Pfeffer + Muskat nach Geschmack)
- etwas Öl oder Butter zum Braten

So geht's:

- Milch und Ei verquirlen, Gewürze unterrühren
- Brotscheiben kurz in der Eiermasse einweichen und dann mit etwas Öl oder Butter in der Pfanne goldbraun backen

Süße Arme Ritter schmecken lecker mit Zucker und Zimt oder Ahornsirup. Aber sie vertragen auch sehr gut eine fruchtige Note: Du könntest Konfitüre, rote Grütze oder ein selbst gemachtes Kompott nehmen. Im Oktober bietet sich Zwetschenkompott oder Apfelmus an, das schmeckt noch nach den letzten Spätsommertagen.

Haselnusskugeln und Baiser

Die Haselnusskugeln stammen aus einem alten Familienkochbuch. Sie schmecken unwahrscheinlich nussig und knackig. Wir haben sie immer in der Adventszeit gebacken. Aber sie schmecken im Herbst und übers Jahr genauso gut. KH

Die Haselnusskugeln sind aus einem Mürbeteig gemacht, bei dem ein Teil des Mehls durch gemahlene Haselnüsse ersetzt wurde. Auf was es bei einem Mürbeteig ankommt, damit er besonders gut gelingt, erfährst du auf Seite 152.

Das brauchst du:

- **300 g Dinkel-Vollkornmehl**
- **200 g gemahlene Haselnüsse (ruhig mit braunem Häutchen)**
- **175 g Rohrohrzucker**
- **1 Msp. Vanille**
- **1 Msp. Salz**
- **3 Eigelb**
- **200 g kalte Butter (am besten direkt aus dem Kühlschrank)**
- **je Teigkugel eine ganze Haselnuss (am besten selbst gesammelt & frisch geknackt, sonst wenigstens Bio und europäisch); 1 Eiweiß – mit etwas Wasser verrühren**

So geht's:

- Mehl, gemahlene Nüsse, Zucker, Vanille und Salz in einer Schüssel vermischen
- 3 Eier in Eigelbe und Eiweiße trennen

Tipp: Mit den steif geschlagenen Eiweißen und etwas Zucker kannst du später Baisers machen.

- Eigelbe in die Mehlmischung geben. Ein Eiweiß aufheben, um damit die Haselnusskerne festzukleben
- Die harte Butter mit einem Messer in kleine Stücke schneiden
- Eigelbe und Butterstückchen möglichst schnell in die Mehlmischung kneten. So entsteht ein Mürbeteig
- Teigkloß nun mind. 1 Std., besser über Nacht in den Kühlschrank stellen

- Mit einem Teelöffel gleichmäßige Stücke abstechen und kleine Kugeln formen, so groß wie dicke Kirschen
- Jeweils 1 Haselnusskern ins Eiweiß tauchen und in die Mitte der Teigkugel drücken
- Haselnusskugeln auf ein Blech mit Backpapier und etwa 10 Min. bei 175-200° C (Umluft; mittlere Schiene) backen
- Haselnusskugeln abkühlen lassen und in einer luftdichten Dose aufbewahren ... wenn nach dem ersten Plätzchen-Essen noch welche übrig sind

Baiser (auch Meringues genannt)

Diese fluffigen Gebäckstücke gehören zu meinen absoluten Lieblingskeksen, seit ich ein Kind bin.

LO

Das brauchst du:

- **Eiweiß**
- **ca. 50 g Puderzucker pro Ei**
- **Etwas Zitronensaft**

So geht's:

- Eiweiß in ein hohes Rührgefäß geben und mit dem Handrührgerät auf höchster Stufe schlagen, bis man das Gefäß auf den Kopf stellen kann, ohne dass die Masse herausfällt. In Kochbüchern heißt es oft: die Masse soll schnittfest sein - d.h. man kann mit dem Messer durchschneiden und sieht hinterher den Schnitt noch
- Zucker und Zitronensaft unterrühren
- bei unter 100° C und offener Ofentür etwa 1 Std. trocknen lassen

Diese Zubereitungsart ist für kleine Baisertupfen gut geeignet. Wesentlich steifer wird die Masse, wenn man das Rührgefäß in ein etwa 50° C heißes Wasserbad stellt (Vorsicht: Wasserbad darf nicht kochen!), sobald das Eiweiß anfängt, steif zu werden. Danach auch Zucker und Zitronensaft unterrühren. Aus der entstandenen Baisermasse kann man auch gut größere Baiserstücke herstellen, z.B. zum Füllen mit Sahne, als Haube auf einem Fruchtkuchen, z.B. Rhabarber oder Stachelbeere.

Bei knapp 100° C etwa 60 Min. trocknen lassen (Mini-Baisertupfen etwa 70° C). Wenn die Baiser anfangen zu bräunen, Temperatur reduzieren.

Bananenshake

Ich mag meine Bananen am liebsten, wenn sie einheitlich gelb sind oder noch zartgrüne Streifen an den Kanten haben. LO

Wenn die Bananen in der Obstschale deutlich über diesen Punkt sind und schon braune Reifungsflecken haben, sind sie mir zum Rohverzehr deutlich zu aromatisch.
Das ist aber ein tolles Stadium, um sie zu einem Bananenshake zu verarbeiten. Im Sommer gern mit ein paar Eiswürfeln zu einem kalten Snack an heißen Tagen, zu anderen Jahreszeiten als gesundes Frühstück eher in der zimmerwarmen Variante.

Das brauchst du:

- **3 große reife Bananen**
- **500 ml Milch**
- **Im Sommer: ein paar Eiswürfel**

So geht's:

- Milch und die in Scheiben geschnittene Banane (und ggf. die Eiswürfel) in einen Standmixer (oder einen hohen Becher mit Pürierstab) geben und miteinander verschlagen
- in Gläser füllen und sofort servieren

Herzhaft und erdig: Speisen im Winter

Dezember bis Februar

Die Sonne wärmt jetzt kaum noch. Gerade wenn der Himmel blau ist, ist die Luft oft schneidend kalt. Raureif kann die Natur in ein Zauberland verwandeln – jeder Zweig, jede Frucht hat ein weißes Spitzenröckchen an. Wenn es irgendwie möglich ist, mache ich mich auf zu einem langen Spaziergang über Wiesen und Felder, am Waldrand und Fluss entlang. Die Kälte beißt mir ins Gesicht, und alles erscheint gestochen scharf und glasklar.

Ganz anders, wenn es hier im norddeutschen Flachland doch einmal schneit: Sämtliche Laute klingen gedämpft, die Formen haben sich gerundet, und das Leben fließt langsamer dahin. Mir ist es ein besonderes Vergnügen, durch diese stille, weite Welt zu stapfen, vielleicht sogar meine Langlaufski aus dem Keller zu holen oder mit den Kindern am Rodelberg den Hang hinuntersausen.

Im Zimmer wärmen Kerzenschein und Kamin Körper und Gemüt.

Unsere mitteleuropäischen Laubbäume haben nun keine Blätter mehr an ihren Zweigen. Viele Vögel sind in wärmere Gebiete nach Afrika oder ans Mittelmeer geflogen, weil sie bei uns keine Nahrung mehr finden. Andere Tiere haben sich zurückgezogen, halten Winterschlaf wie der Igel oder Winterstarre wie Frösche und Eidechsen. Rehe und Füchse tragen ein dickes Winterfell, Eichhörnchen haben im Herbst eifrig Nüsse versteckt und so für harte Zeiten vorgesorgt. Nur ab und zu unterbrechen sie ihre Winterruhe, um auch in meinem Garten auf Futtersuche zu gehen. Weil ich das so nett finde, unterstütze ich sie bei strengem Frost mit ein paar Haselnüssen.

Für die Wintervögel stelle ich ab Mitte Dezember Meisenringe her. Da die Vögel meist ein paar Wochen brauchen, um sich an eine Futterstelle zu gewöhnen, fange ich auch bei Temperaturen über null schon mal damit an. Wenn es dann im Januar richtig kalt wird oder auch Schnee ihre Futtermöglichkeiten einschränkt, sind sie schon an meine Alternative gewöhnt. Ich habe in jedem Jahr so viel Spaß dabei, die akrobatischen Blau- und Kohlmeisen an den Futterringen zu beobachten, dass sich der Aufwand selbst gemachter Meisenringe auf jeden Fall lohnt. Da ich die Rotkehl-

chen, die mir im Frühjahr beim Buddeln im Garten immer zur Seite stehen, besonders mag, verwende ich immer die Reste von flüssigem Kokosfett dazu, noch etwas Fettfutter mit Haferflocken herzustellen. Das biete ich dann auf einem Blumenuntersetzer an einer trockenen Stelle an, weil nicht alle Vögel etwas mit Ringen anfangen können.

Der größte Vogel, der von meinen Geschenken nascht, ist aber der Buntspecht, der den Meisen in nichts nachsteht, was die Akrobatik angeht. Bauchoben hängt er an den Meisenringen und bearbeitet sie mit schnellen Schlägen seines großen Schnabels. Sobald der schlimmste Frost vorbei ist, höre ich auf, die Vögel zu füttern, weil die von mir gebotene Körnerkost für die Brut des Frühjahrs tödlich sein kann. Dann können sich meine gefiederten Freunde wieder um Insekten und selbst gefundenes Futter kümmern, das ist für sie gesünder.

Auch für die Pflanzen ist der Winter eine Zeit der Ruhe und Vorbereitung. Ganz im Verborgenen haben sie unter der Erde die Nährstoffe für den nächsten Austrieb gespeichert. Fast unbemerkt schwellen an den Zweigen die Blatt- und Blütenknospen für das kommende Frühjahr. Doch einige Hartgesottene blühen selbst im Winter: In meinem Garten recken sich die porzellanartigen Christrosen-Blüten aus der braunen Laubdecke in den Beeten; vor der Haustür grüßt mich im Februar der Duft der fadenförmigen gelben Zaubernuss-Blüten.

Mir kommt es so vor, als ob sich die Welt draußen auf das Wesentliche reduziert hat. Strukturen werden sichtbar, die vorher von sommerlicher Fülle verdeckt waren. Besonders Bäume zeigen ohne Blattwerk ihre Rindenmuster und den charakteristischen Aufbau ihrer Kronen. Auch Farben nehme ich viel intensiver wahr. Liegt es am Hintergrundgrau eines Dezembertages oder an der glasklaren Januarluft? Denn lange bevor die ersten Kräuter grün aus der Erde sprießen, fallen mir die grüngelben bis orangefarbenen Zweige der Weiden, der Violettschimmer der Erlen wie bei reifen Auberginen, die Kleckse verschieden farbiger Flechten auf Steinen und an Baumstämmen sowie das immer noch kräftige Grün von Moostuffs auf.

Im Winter kann ich nur die Dinge aus dem Garten holen, die im Sommer gewachsen sind und bisher noch nicht geerntet wurden. Ich muss unbedingt die letzten Kartoffeln ausbuddeln, solange der Boden nicht gefroren ist. Dagegen brauchen Rosenkohl und Grünkohl den Frost und können auch bis Februar auf dem Feld bleiben.

Im Winter bietet es sich an, sich näher mit Getreide zu beschäftigen – denn richtig gelagert, kann man es zu jeder Jahreszeit genießen. Und wer sagt, der kulinarische Winter sei langweilig? Immer nur Kohl und Rüben?

Klar, Kohl und Rüben sind unsere heimischen vorherrschenden Wintergemüse. Aber welche Vielfalt an Sorten, Geschmacksrichtungen und Zubereitungsmöglichkeiten verbergen sich dahinter? Wahrlich unüberschaubar! In diesem Buch können wir nur einen Bruchteil davon in Rezepten darstellen und möchten ausdrücklich zum kreativen Umgang mit Grün-, Rot-, Weiß-, Wirsing-, Rosen- und Spitzkohl, mit Mohrrüben, Pastinaken, Petersilienwurzeln, Knollensellerie, Schwarzwurzeln, Steckrüben, Topinambur, Roter, Ringel- und Gelber Bete anregen. Diese heimischen Gemüse lassen sich problemlos auch länger lagern. Probiere sie als Salat, Suppe, Auflauf und Gemüsebeilage; kombiniere sie mit Kartoffeln, Pilzen, Nüssen, Früchten und verschiedenen Gewürzen. Und dann gibt es ja noch Lauch, Zwiebeln, verschiedene Kürbisse ... Mit Feldsalat, Chicorée & Co. kann man noch zusätzlich den Vitaminhaushalt aufpeppen.

Und – Winter soll langweilig sein? Im Gegenteil: Freuen wir uns auf und über einen kulinarisch abwechslungsreichen Winter!

Winter schmeckt satt, deftig, wärmend, rund, herzhaft und erdig.

Katharina Henne

Feldsalat mit Orangenfilets (vegan)

Feldsalat ist ***der*** *Winter-Blattsalat; sein charakteristisches Aroma verträgt sich sehr gut mit dem kräftigen, frischen Geschmack der Linsensprossen. Die Orangenfilets geben ihm im Winter eine fruchtig-frische Note.*

Die benötigten Sprossen lassen sich leicht selbst herstellen (s. S. 151)

Das brauchst du:

- **4 Hände voll Feldsalat**
- **2 Hände voll Linsen- oder andere Sprossen (3 Tage gekeimte, ca. 50 g braune Tellerlinsen)**
- **1 Orange**
- **ca. 30 g / 2–3 EL Sonnenblumenkerne oder Mandelblättchen**
- **Vinaigrette aus Orangensaft, etwas weißen Balsamico-Essig, natives Oliven- oder Sonnenblumenöl, Apfeldicksaft bzw. Honig, Salz, Pfeffer**

So geht's:

Zubereitung des Salats

- Feldsalat gründlich waschen, danach den Wurzelansatz abschneiden und gelbe sowie schlappe Blätter entfernen
- Feldsalat-Blätter nochmals gründlich waschen und abtropfen lassen
- Orange filetieren und in kleine Stücke schneiden, dabei den Saft für die Vinaigrette auffangen
- Sonnenblumenkerne oder Mandelblättchen in der Pfannen ohne Fett leicht anrösten
- Feldsalat, Linsensprossen und die meisten Orangenstückchen (einige für die Deko zurückbehalten) mischen
- Vinaigrette gut durchschütteln und unmittelbar vor dem Servieren über den Salat geben
- mit gerösteten Sonnenblumenkernen oder Mandelblättchen und den übrig gebliebenen Orangenfilets dekorieren

Tipp: Orangen und andere Zitrusfrüchte sind im Winter aus Supermärkten und vom Wochenmarkt nicht wegzudenken. Ihre saftige Frische ist in dieser Jahreszeit trotz der Transporte eine willkommene Bereicherung unserer Küche.

Möhren-Apfel-Rohkostsalat

(vegan möglich)

… ist ein fruchtig, leichter Wintersalat, bringt durch seine gelb-orange Farbe Sonne auf den Teller und schmeckt auch Kindern gut.

Das brauchst du:

- 4 mittelgroße Möhren (evtl. 1–2 Möhren durch entsprechend viele Topinambur-Knollen ersetzen, s. Wintergemüse S. 155)
- 2 mittelgroße, säuerliche Äpfel
- 30 g Sonnenblumenkerne
- 1 Zitrone (Saft)
- 1–3 TL Honig (nach Geschmack), vegan: Apfel- oder Agavendicksaft
- natives Sonnenblumenöl (doppelt so viel wie Zitronensaft)
- etwas Salz
- evtl. etwas Pfeffer

So geht's:

- Möhren waschen, Enden abschneiden, schälen und hobeln
- Topinambur gründlich säubern – geht am besten mit einer Gemüsebürste und Wasser, evtl. holzige oder unappetitliche Stellen entfernen, hobeln
- Äpfel möglichst nicht schälen, in 8 Schiffchen schneiden, Kerngehäuse entfernen und in dünne Stückchen schneiden; Apfelstückchen zu den geraspelten Möhren geben
- Sonnenblumenkerne ohne Fett in der Pfanne anrösten, abkühlen lassen
- Honig (evtl. leicht erwärmen) bzw. Apfeldicksaft mit dem Zitronensaft, Öl, Salz und Pfeffer mischen und unter die Möhren-Apfel-Rohkost mischen (sonst neigen viele Äpfel zum Braunwerden)
- Sonnenblumenkerne über die Möhren-Apfel-Rohkost streuen und frisch servieren

Chicorée-Salat mit Sprossen (vegan möglich)

Chicorée ist ein typischer Wintersalat. Sicherlich haben die meisten von uns die dazugehörige Pflanze schon einmal blühen sehen. Der Chicorée ist nämlich eine Wegwarte. LO

Diese blaublühende Pflanze wächst an vielen Wegrändern in Mitteleuropa. Die Blüte hat eine entfernt ähnliche Form und ist etwa so groß wie eine Löwenzahnblüte, sie ist nur blau und wächst mit mehreren aufgereiht an einem stabilen Blütenstängel. Die Wegwarte wird auch Zichorie genannt. Man hat sie schon sehr lange als Heilpflanze gekannt und sie genutzt, um damit dem Getreidekaffee etwas bittere Würze zu verleihen.

Aber erst im 19. Jahrhundert ist man darauf gekommen, die winterlichen Wegwartenwurzeln im Dunkeln treiben zu lassen und die blassen Knospen, die sie dann bildet, als Salat zu essen. Dabei wird der Chicorée umso milder, desto weniger Licht er beim Austrieb bekommt.

Die Sprossen von Hülsenfrüchten sind toll im Wintersalat, weil sie voller Vitamine und Mineralstoffe sind und durch ihren frischen Geschmack den Salat schön ergänzen. Auf diese Weise fügen wir dem Salat pflanzliche Proteine hinzu, was ja bei fleischarmer oder vegetarischer Ernährung besonders wichtig ist.

Das brauchst du:

- **200 g Sprossen (Mothbeans, Mungobohnen, Linsen etc.) gemischt oder von einer Sorte**
- **4 Knospen Chicorée (ca. 800 g)**
- **2 Orangen**
- **200 g Schmand (evtl. mit Joghurt gemischt), vegan: als Ersatz eine milde Vinaigrette aus Fruchtessig, Saft und Öl**
- **Etwas Zitronensaft**
- **Zucker, Salz, Pfeffer (nach Geschmack)**

So geht's:

- Sprossen herstellen (s. Feldsalat mit Orangenfilets, S. 111)
- Chicorée waschen und abtropfen lassen; von der Spitze Richtung Stängel in Scheibchen schneiden, die dann in kleine Stückchen zerfallen. (In vielen Rezepten findet man die Anweisung, den Strunk nicht mitzuessen. Das ist Geschmackssache, ich finde ihn meistens nicht zu bitter, dafür aber knackig und angenehm)
- Orangen schälen und die Spelten in kleine Stücke schneiden

- alternativ: Orangen filetieren. Die Orangen mit einem sehr scharfen großen Messer so schälen, dass sowohl die äußere orangefarbene als auch die innere weiße Schale inklusive aller Häutchen weggeschält ist. (Das Messer sollte besonders scharf sein, damit man keinen Druck dabei ausüben muss, der dazu führt, dass zu viel Saft austritt.)
- Schalen mit Fruchtfleischresten als Grundlage für die Soße auspressen
- Aus der Fruchtfleischkugel mit dem sehr scharfen Messer die Fruchtfleischspalten ohne die Häutchen heraustrennen und in kleinen Stückchen zum Salat geben

Salatsoße

- Schmand mit entstandenem Orangen- und Zitronensaft und den sonstigen Zutaten vermischen und abschmecken; mir schmeckt diese Soße zum herzhaften Chicoree und den fruchtigen Orangen am besten, aber es geht auch jede Vinaigrette, wenn man das Gericht lieber vegan essen möchte
- Soße über den Salat geben und sehr vorsichtig unterheben, um das Fruchtfleisch der Orange nicht unnötig zu zerdrücken

Kartoffel-Porree-Suppe

Dieses Rezept habe ich aus Irland mitgebracht. Früher waren die Iren ziemlich arme Leute. Sie bauten auf ihren sandig-moorigen Böden überwiegend Kartoffeln und Hafer an. Ein Eckchen mit Lauch (= Porree) hatten sie bestimmt auch irgendwo am Haus. KH

Ich liebe die Suppe, weil sie so schön sanft und sämig ist und an einem ungemütlichen Wintertag ordentlich wärmt und satt macht.

Das brauchst du:

- **75 g Butter**
- **2 Zwiebeln**
- **2–3 Porreestangen**
- **1 kg Kartoffeln**
- **3–5 EL feine Haferflocken**
- **2 Knoblauchzehen**
- **½–1 l Wasser**
- **½ l Vollmilch**
- **2–3 TL Gemüsebrühe**
- **½ TL gemahlener Pfeffer**
- **1 Msp. gemahlener Muskat**

So geht's:

- Zwiebeln pellen und in kleine Würfel schneiden (s. S. 158)
- Beim Porree das Endstück mit den Wurzeln und evtl. vorne die braunen oder verwelkten Blattspitzen abschneiden
- Lauch längs aufschneiden und ihn gründlich unter fließendem Wasser abspülen, bis keine Erde mehr an den Blättern klebt
- Gesäuberten Lauch in dünne Ringe schneiden
- Kartoffeln schälen und in kleine Stücke schneiden
- Knoblauch schälen und klein hacken
- Zwiebelstückchen und die Porreeringe in die Butter geben und anbraten, dabei ständig umrühren
- Kartoffelstücke zugeben und die ganze Mischung weiterdünsten, bis auch die Kartoffeln ganz leicht braun werden
- Haferflocken und den fein gehackten Knoblauch dazugeben. Auch sie werden kurz angebraten
- Herd herunterstellen, das heiße Wasser und die Milch zugeben und die gekörnte Gemüsebrühe zufügen
- Bei niedriger Hitze die Suppe köcheln lassen, bis die Kartoffeln gar sind und die Suppe sämig ist
- Suppe mit Salz, Pfeffer und Muskatnuss abschmecken

Tipps zu Kartoffeln siehe Seite 143.

Winterliche Wirsing-Graupen-Suppe (vegan)

»Graupen – was ist denn das?«, wurde ich vor ein paar Jahren von einer völlig überforderten Fachverkäuferin in einem Supermarkt gefragt. KH

Mittlerweile sind Getreideerzeugnisse außerhalb von Weizenmehl und Haferflocken wieder weiter verbreitet, und zumindest in Bioläden hat man kein Problem mehr, an Graupen und Co. zu kommen.

Graupen sind die geschliffenen und polierten Körner von Gerste oder (seltener) Weizen. Man kann sie als ganze Körner (»Kälberzähne«) oder als abgerundete Perlgraupen erhalten. Sie sind kohlenhydratreich und fettarm und eignen sich hervorragend als Eintopfeinlage, Risotto oder auch für Salate und Süßspeisen.

Wenn man im Winter mal wieder richtig Bock auf eine kräftige, sättigende wärmende Suppe hat, ist diese würzige Wirsing-Suppe genau das Richtige. Die eingelegten Tomaten geben ihr den gewissen Pfiff.

Das brauchst du:

- 3 EL Öl
- 1 mittelgroße Zwiebel
- 1 TL Zucker
- 100 g (Gersten-)Graupen
- 2 l kräftige Brühe (gekörnte Gemüsebrühe mit zusätzlich 2 Lorbeerblättern, 4 Pimentkörnern, 3 Nelken, 4 Wacholderbeeren und ½ TL frisch gemahlener Koriander)
- ½ Wirsing-Kohlkopf
- 100 g eingelegte, getrocknete Tomaten
- ½ TL frisch gemahlener schwarzer Pfeffer
- Salz nach Geschmack

So geht's:

- Zwiebel klein schneiden und im Öl glasig braten
- Zucker hinzufügen und leicht karamellisieren lassen
- Graupen dazugeben und im Öl wenden
- Mit Brühe auffüllen und leicht kochen, bis die Graupen bissfest sind (ca. 15 Min.)
- Wirsingkopf inzwischen waschen, den Strunk und die groben Rippen entfernen und die Blätter in Streifen schneiden (ca. ½ –1 cm breit, 2–5 cm lang)
- Die eingelegten Tomaten grob in Streifen schneiden
- Kohl- und Tomatenstreifen in die Brühe zu den Graupen geben und weiter kochen, bis die Graupen weich, aber nicht matschig sind
- Mit Pfeffer und Salz abschmecken

Pürierte Rote-Bete-Suppe (vegan möglich)

Ich liebe im Winter den erdigen Geschmack und die herbe Süße von Rote Bete. Und dazu noch die poppige Farbe ... der Hammer! KH

Wer's nicht ganz so kräftig mag, nimmt einfach die sanftere Ringel-Bete oder die süßere Gelbe Bete. Der optische Eindruck ändert sich natürlich entsprechend.

Das brauchst du:

- **4–5 Rote Bete (gut 600 g)**
- **2 mittelgroße Zwiebeln**
- **1 Knoblauchzehe**
- **3 EL Olivenöl**
- **1 Stück Ingwer(ca. 4 cm)**
- **1 l Gemüsebrühe**
- **300 ml Orangensaft (frisch gepresst oder 100%iger Fruchtsaft)**
- **250 ml süße Sahne (für die vegane Variante weglassen)**
- **Salz**
- **Pfeffer**
- **Petersilie oder Feldsalat (zum Garnieren)**

So geht's:

- Rote Bete schälen und würfeln
- Zwiebeln und Knoblauch schälen und fein würfeln
- Ingwer schälen und sehr fein hacken
- Zwiebeln und Knoblauch im Olivenöl andünsten, Ingwer und Rote Bete dazugeben
- Mit Gemüsebrühe aufgießen und bei geschlossenem Deckel ca. 20 Min. köcheln lassen, bis die Rote Bete gar ist
- Die Suppe pürieren, Orangensaft zugießen, mit Salz und Pfeffer würzen und noch einmal bis zum Kochen erwärmen
- Sahne schlagen, eine Hälfte unter die Suppe ziehen, die andere mit dem Löffel auf die Suppe setzen
- Mit Petersilie, Feldsalat etc. garnieren

Nudeln mit Tomatensoße (vegan möglich)

Spaghetti kauft man meistens als trockene Stangen. Sie sind lange haltbar und warten geduldig im Vorratsschrank, bis man sie essen möchte. Aber es ist gar nicht besonders kompliziert, sie selbst herzustellen. LO

Ich habe mir irgendwann eine Maschine gekauft, mit der man den Teig ausrollen und am Ende zu flachen langen Nudeln schneiden kann, weil ich schon geahnt hatte, dass meine Kurskinder das schick finden würden.

Statt mit einer Maschine kann man den selbst gemachten Nudelteig auch mit einem Nudelholz bis auf ca. 2 mm ausrollen und ihn dann mit einem Messer und einem langen Lineal (sollte bitte super-sauber sein) in lange dünne Tagliatelle schneiden.

Nudelteig ohne Ei (vegan)

Achtung: Der Nudelteig braucht eine Ruhezeit von mindestens einer Stunde, gern auch über Nacht – rechtzeitig anfangen!

Das brauchst du:

- **300 g Hartweizengrieß (am besten doppelt gemahlen – ich mahle Hartweizengrieß noch mal mit meiner Getreidemühle auf der kleinsten Einstellung, dann bekommt der Nudelteig eine besonders gute Bindung und wird geschmeidig)**
- **1 TL Salz**
- **3 EL Öl (kaltgepresst)**

So geht's:

- Den Grieß in eine große Schüssel als kleinen Berg aufschütten
- In die Mitte eine Mulde machen
- Salz, Öl und Wasser in die Mulde geben und anfangs mit einem Löffel, später mit der Hand zu einem Kloß zusammenkneten
- Nachdem alles Mehl im Kloß verarbeitet ist, mindestens 100-mal kneten
- Danach den Kloß in Frischhaltefolie wickeln und mindestens 1 Std., besser über Nacht ruhen lassen – nicht im Kühlschrank!

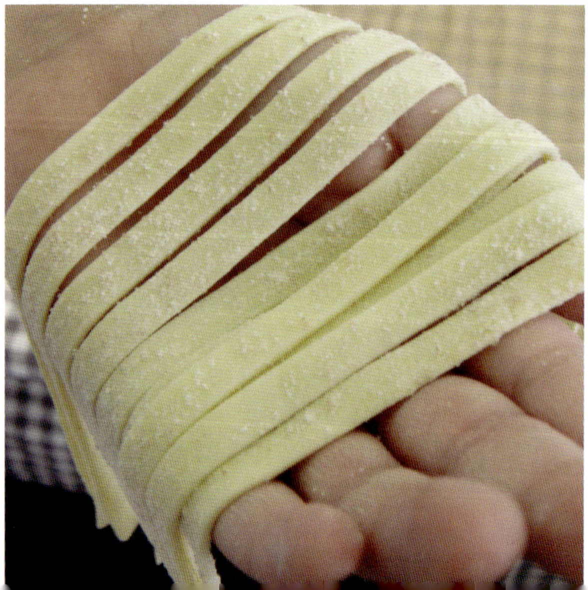

Tomatensoße aus Dosentomaten mit Knoblauch

(vegan ohne Sahne und Käse)

Das brauchst du:

- 1 Zwiebel, klein gehackt
- 1 Dose Tomaten im Winter (im Sommer gern frische Cocktailtomaten)
- 1 Handvoll getrocknete Tomaten
- 1 Becher Sahne
- 1 gepresste Zehe Knoblauch
- Etwas Öl und Wasser
- Salz, Pfeffer, Zucker
- Oregano oder andere Kräuter nach Geschmack
- Geriebener Käse, um ihn über Nudeln und Soße zu streuen (wer mag)

So geht's:

- Tomaten abgießen und den Saft aufbewahren. Danach halbieren und die Kerne herausdrücken (Cocktailtomaten ganz verwenden). Anschließend klein schneiden
- Die getrockneten Tomaten mit der Schere oder einem Messer klein schneiden. Normalerweise würde man getrocknete Tomaten vor dem Gebrauch in heißem Wasser einweichen, hier ist das nicht nötig, weil sie das Wasser aus der Soße aufnehmen
- Etwas Öl in einen mittelgroßen Topf geben und die Zwiebelwürfel glasig dünsten
- Wenn die Zwiebeln an den Rändern leicht braun werden, alle Tomaten und eine Tasse voll Tomatensaft zugeben
- Knoblauch in die Soße geben
- Sahne dazugeben
- Wenn die Soße noch Flüssigkeit braucht, den Rest des Tomatensaftes zugeben
- Mit Salz, Pfeffer und wenig Zucker abschmecken

Die Soße muss vor den selbst gemachten Nudeln fertig sein, weil diese sofort nach dem Kochen gegessen werden müssen!

Nudeln mit Messer und Lineal:

- Den Teig noch einmal durchkneten und dann ausrollen, einmal falten und wieder ausrollen. Noch zweimal wiederholen
- Danach richtig dünn auf ca. 2 mm möglichst rechteckig ausrollen
- Ein langes sauberes Lineal so anlegen, dass schmale lange Nudeln (Tagliatelle) entstehen. Den Teig entlang des Lineals schneiden. Entweder gleich, wenn alle fertig sind, vorsichtig ins kochende Wasser gleiten oder über eine Stange hängen und etwas antrocknen lassen
- Etwa 2 Min. kochen lassen, über dem Nudelsieb in die Spüle abgießen und sofort mit der Soße servieren

Für die Nutzung einer Nudelmaschine bitte die Betriebsanleitung beachten.

Bratkartoffeln (vegan)

Bratkartoffeln sind das typische Herbst- und Wintergericht. Deftig, einfach herzustellen und mit Zutaten, die man meist sowieso im Haus hat. Sie lassen sich auch gut als Beilage zu verschiedenen Salaten, Dips oder mit Eiern reichen. LO

Das brauchst du:

- **1,5 kg festkochende Kartoffeln**
- **Öl**
- **2 mittelgroße Zwiebeln**
- **Salz**
- **Pfeffer**

So geht's:

Pellkartoffeln:

- Wenn man die Bratkartoffeln aus ungepellten Kartoffeln machen möchte, sollte man sie vor dem Kochen gründlich schrubben. Dafür eignet sich eine Gemüsebürste oder Massagehandschuhe
- Kartoffeln ungeschält in einen Topf mit Wasser geben (dicke Kartoffeln unten, kleine oben); sie brauchen nicht mit Wasser bedeckt zu sein
- Deckel auf den Topf legen und Kartoffeln je nach Größe in kochendem Wasser 15–30 Min. garen (zur Kontrolle mit einem kleinen Küchen-/Kartoffelschälmesser oder einer Gabel in eine dicke Kartoffel stechen – dringt das Messer glatt in die Kartoffel und ist kein Widerstand zu spüren, sind sie gar. Ansonsten noch ein paar Minuten weiterköcheln und wieder kontrollieren)
- Kartoffeln pellen; vorher mit kaltem Wasser abschrecken und eine kleine Weile im Wasser stehen lassen

Bratkartoffeln:

- Zwiebeln schälen und würfeln (s. S. 158)
- etwas Öl in eine Pfanne geben und bei mittlerer Hitze die Zwiebeln darin glasig braten
- Kartoffeln in Scheiben schneiden und ins heiße Fett geben
- Kartoffeln ab und zu wenden, wenn sie gut gebräunt sind, bis aromatische, knusprige, wohlschmeckende Bratkartoffeln entstanden sind

Gewürzgurken und Spiegelei

- **1 Glas Gewürzgurken**
- **Pro Person mindestens 1 Ei als Spiegelei**

Tipp zum Anrichten: Ein oder zwei Gewürzgurken auf den Teller neben die Bratkartoffeln drapieren. Besonders hübsch finde ich es, wenn man die Gewürzgurke längs in mehreren Scheibchen vom Ende Richtung Stielansatz einschneidet und sie dann fächerförmig an den Tellerrand legt. Dabei sollen die Scheibchen am Stiel noch zusammenhängen (s. Foto).

Kichererbsen-Curry (vegan)

Wann immer man mit Hülsenfrüchten kocht, ist das Gericht auch ohne Fleisch gut mit Eiweißen ausgestattet. Da die meisten Currys auch ohne Milchprodukte auskommen, sind sie nicht nur vegetarisch, sondern gleich vegan. KH

Ich liebe dieses unkomplizierte indische Kichererbsen-Curry mit Wintergemüse, das durch die exotische Gewürzmischung wohlige Wärme vom Magen in den übrigen Körper strömen lässt.

Typisch indisch dabei ist, dass man viiiiele Gewürze nimmt und sie im Vorfeld in der Pfanne anbrät. Erst danach kommen die anderen Zutaten dazu, die man fast beliebig variieren kann.

Das brauchst du:

- 150 g Kichererbsen (gewaschen und mindestens 2 Std. – besser über Nacht – eingeweicht)
- Öl zum Braten
- 1 mittelgroße Zwiebel
- 3 Knoblauchzehen
- 1 Stück frischer Ingwer (3–5 cm)
- Gewürze!! (wer sie nicht alle einzeln vorrätig hat, kann eine fertige Curry-Mischung nehmen)
- mind. 3 TL Curry oder
- ½ TL gemahlener Koriander
- 2 TL gemahlene Gelbwurz (Kurkuma)
- ½ TL gemahlenen Kreuzkümmel (Cumin)
- 1 TL gemahlenen Paprika (edelsüß)
- ¼ TL gemahlene Chilischote
- 4–6 Kartoffeln
- 2–4 Mohrrüben
- ein paar Kohlblätter bzw. ein Stück Weißkohl
- 1 Stange Porree, gründlich gewaschen und in Ringe geschnitten
- ½ l Wasser
- Eine Dose Kokosmilch oder eine Packung Creamed Coconut (siehe Seite145)
- Evtl. ½ TL Zucker
- Salz
- Evtl. Garam Masala zum Nachwürzen

So geht's:

- Eingeweichte Kichererbsen ca. 30 Min. in reichlich Wasser kochen (sie sollten bissfest, aber nicht ganz weich sein) – erst danach salzen!
- Zwiebel häuten und würfeln
- Ingwer und Knoblauch sehr fein hacken oder reiben
- Das Gemüse säubern, evtl. schälen und in mundgerechte Stücke schneiden
- Zwiebelstückchen in einer hohen Pfanne im Öl anbraten, bis sie glasig und leicht gebräunt sind
- Knoblauch und Ingwer zufügen und kurz mit anbraten

- Gewürze zugeben und unter Rühren ca. 1 weitere Min. braten
- Gemüsestückchen zugeben und in der Gewürzmischung wenden, bis sie leicht angebraten sind
- Mit Wasser ablöschen und die gekochten Kichererbsen hinzufügen
- Kokosmilch dazugeben
- Alles vermengen: Jetzt sollten alle Gemüsestückchen knapp mit Flüssigkeit bedeckt sein, sonst noch etwas Wasser zugeben
- Mit Salz und evtl. etwas Zucker abschmecken
- Pfanne abdecken und garen, bis das Gemüse bissfest ist (10–20 Min.)
- Nochmals abschmecken, evtl. mit Garam Masala und Chili nachwürzen und servieren

Ich mag dazu gerne Basmatireis und einen Minzjoghurt – gerade wenn man das Curry etwas schärfer abgeschmeckt hat …

Curry-Gewürzmischung

Curry (und auch Garam Masala) sind Gewürzmischungen. Es heißt, in Indien habe jede Hausfrau ihre eigene Mischung. Versuch ruhig selbst einmal, eigenes Curry herzustellen. Übliche Zutaten sind: Kreuzkümmel, Kurkuma, Koriander, Paprika(pulver), Ingwer, Knoblauch, Senfkörner, Curryleaves, Chili, Kardamon, Fenchel, Bockshornkleesamen, Muskat, Zimt, Nelken (Zutaten in der Reihenfolge ihrer wahrscheinlichen Menge).

Je nachdem, ob das Curry »hot« oder »mild« deklariert ist, ist mehr oder weniger Chili dran.
Um die Gewürzmischung selbst herzustellen, solltest du die trockenen Zutaten in eine kleine Pfanne ohne Öl geben und sie sanft anrösten (nur kurz, bis sie anfangen zu duften, nicht so lange wie Nüsse). Wenn sie nicht bitter geworden sind, hast du alles richtig gemacht. Danach im Blender schreddern und mit den frischen Zutaten (Ingwer, Knoblauch) in einem Mörser gründlich zerkleinern. Ohne Blender dauert es deutlich länger. Zum Schluss mit etwas Öl verkneten. Wenn man diese Mischung in einem geschlossenen Glas mit einer Schicht aus Öl versieht, das die Gewürzmischung komplett abdeckt, ist sie ein paar Wochen haltbar.

Du kannst dir aber auch jedes Mal deine persönliche Curry-Mischung frisch zum Rezept herstellen, wie es oben für das Kichererbsen-Curry beschrieben wird.

Linseneintopf (vegan)

Dieses Gericht ist richtig deftig und etwas für die – hoffentlich letzten – kalten Tage im Winter! KH

In den meisten Gegenden von Deutschland säuert man den Linseneintopf zum Schluss an. Lore zum Beispiel gibt einen Spritzer Essig dazu; ich mag es mit einem kräftigen Senf, den ich mir auf den Tellerrand tue und ab und zu mit auf den Löffel nehme. Andere kennen es mit saurer Sahne, die in der Suppe verrührt wird.

Das brauchst du:

- **250 g braune Linsen (1 Portion = 1 Handvoll getrocknete Linsen)**
- **2 l Wasser**
- **1–2 Bund Suppengrün (s. S.151)**
- **2 Zwiebeln**
- **500 g Kartoffeln**
- **3 EL Bratöl**
- **Salz**
- **Pfeffer**
- **Evtl. 1 TL Zucker**
- **1 EL gehackte TK-Petersilie**

So geht's:

- Linsen am Vortag waschen und im Wasser einweichen (s. Hülsenfrüchte S. 142), dann das Einweichwasser abgießen
- Zwiebeln pellen und in kleine Stücke schneiden
- Mohrrüben, Sellerie, Petersilienwurzel und Kartoffeln schälen und in mundgerechte Stücke schneiden
- Porree längs halbieren, gründlich zwischen den Blättern säubern und in dünne Halbringe schneiden
- Öl in einem großen Topf erhitzen, Zwiebel unter ständigem Rühren leicht anbräunen
- Heißes Wasser (im Wasserkocher aufgekocht) hinzufügen
- Linsen, klein geschnittenes Gemüse und Kartoffel stücke hinzufügen, auf niedriger Stufe ca. 15–20 Min. kochen lassen
- Das kleingeschnittene Gemüse (auch die Kartoffelstücke) hinzufügen und weiter auf niedriger Stufe ungefähr 15–20 Min. kochen lassen
- Danach mit den Kartoffeln die »Gabelprobe« machen: aus der Suppe vorsichtig ein Kartoffelstückchen fischen und mit der Gabel reinpieksen. Wenn die Kartoffeln gar sind, ist der Eintopf fertig
- Mit Salz, Pfeffer und Zucker abschmecken und ganz zum Schluss die gehackte Petersilie drüberstreuen

Zum Linseneintopf gehört – zumindest früher in meiner Familie – immer eine Bockwurst oder ein Wiener Würstchen dazu. Mittlerweile gibt es auch vegetarische Ersatzprodukte, z.B. geräucherte Tofu-Würstchen.

Indianisches Maisdessert

Diesen köstlichen Nachtisch gab es bei uns nach dem ersten Ausprobieren gleich ein paar Mal hintereinander, weil er uns mit der Kombination aus frischen, säuerlichen Äpfeln und dem Sirup so gut geschmeckt hat. KH

Aber entscheide selbst! Du kannst für dieses Maisdessert auch gut Apfel- oder Birnendicksaft nehmen. Das schmeckt auch sehr lecker!

Das brauchst du:

- **500 g säuerliche Äpfel**
- **3–5 EL Ahornsirup oder Apfel- bzw. Birnendicksaft**
- **100 g (groben) Maisgrieß**
- **½ TL Salz**
- **50 g Butter**
- **3–5 EL Honig oder Apfel- bzw. Birnendicksaft**
- **500 ml Dickmilch**
- **1 EL Zitronensaft**
- **1 TL Butter für die Form**

So geht's:

- Äpfel waschen, vierteln, Kerngehäuse entfernen und die Viertel (mit Schale) in dünne Scheiben schneiden
- Auflaufform (ca. 20 x 30 cm) mit Butter ausstreichen
- Apfelscheiben einfüllen und mit Sirup beträufeln
- Maisgrieß in einer Schüssel mit Salz mischen
- Butter schmelzen und mit Honig mischen
- Die Hälfte der Butter-Honig-Mischung mit der Dickmilch und mit dem Maisgrieß verrühren und über die Äpfel gießen
- Zitronensaft unter die andere Hälfte der Butter-Honig-Mischung rühren und damit den Auflauf beträufeln
- Auflauf bei 175° C im Ofen auf mittlerer Schiene etwa 45 Min. backen, bis er oben goldbraun geworden ist

Mais kommt ursprünglich aus Amerika, und auch Ahornsirup wird dort gewonnen. Man ritzt dafür den Stamm eines Ahorns an und hängt ein kleines Gefäß unter die Schnittstelle. Wenn die Bäume im Frühjahr ihre Blätter entwickeln, benötigen sie jede Menge Energie. Dazu transportieren sie in den äußeren Stammschichten Zuckersaft nach oben und bilden daraus die neuen Blätter. Dieser süße Saft wird in den Gefäßen aufgefangen und durch Kochen eingedickt, bis Sirup daraus entsteht.

Winter-Obstsalat (vegan)

Wenn man die Aromen verschiedener frischer Obstsorten miteinander kombiniert, können wahre Geschmacksexplosionen entstehen. Aber da es nicht das ganze Jahr über die gleichen Obstsorten frisch gibt, schmeckt ein winterlicher Obstsalat ganz anders als einer im Sommer. LO

Im Winter können wir nur die Obstsorten aus heimischem Anbau verwenden, die sich gut lagern lassen, wie Äpfel, eine Weile noch Birnen. Darum essen ich im Winter auch gern Bananen aus Mittelamerika (die lassen sich gut mit dem Schiff transportieren und sind daher nicht so CO_2-intensiv wie Obst und Gemüse, die mit dem Flugzeug kommen) und Orangen aus den Mittelmeerländern, die aufgrund der dicken Schale auch nicht sehr schnell transportiert werden müssen. Wenn sie dann noch fair gehandelt worden sind, kann man sie guten Gewissens essen.

Das brauchst du:

- 3 Äpfel
- 2–3 EL Zitronensaft
- 2 Bananen
- 2 Orangen
- Wer mag: eine Handvoll Rosinen
- Eine Handvoll Haselnüsse (oder andere Nüsse)

So geht's:

- Rosinen in einer Schüssel mit heißem Wasser übergießen, bis sie gerade bedeckt sind, und quellen lassen. (Während du das Obst klein schneidest, können sie Wasser aufnehmen und schmecken dann schön saftig und süß)
- Die Äpfel waschen und vierteln; mit einem scharfen Messer das Kerngehäuse, den Stiel und die Kelchblätter entfernen; nur schälen, wenn die Schale sehr fleckig oder schrumpelig ist. (Äpfel mit Schale haben viel mehr Vitamine und vor allen Dingen bleiben sie knackig.) Apfelviertel in kleine Stückchen schneiden
- Über die Apfel-Stückchen sofort Zitronensaft geben und die Mischung umrühren, um zu verhindern, dass die Apfelstückchen braun werden
- Orangen schälen (erst die Schale einritzen, damit man mit den Fingern unterfassen kann, dann abpulen) und in Spalten aufteilen. (Das Kaugefühl ist deutlich besser, wenn du anschließend so viel wie möglich von den weißen Teilen der Schale und des Inneren mit einem scharfen Messer entfernst); Spalten dann in kleine Stückchen schneiden
- Bananen schälen und ebenfalls klein schneiden
- Nüsse ebenfalls klein schneiden (auf ein großes Holzbrett legen und mit einem Santoku- oder großen Kochmesser hacken)
- Rosinen (evtl. mit dem Rest vom Einweichwasser) und Nüsse in den Obstsalat geben
- Alles gut vermischen

Grießbrei

Schmeckt gut, geht schnell und einfach und lässt sich prima kombinieren. Also nichts wie ran an den Brei:

Das brauchst du:

- **¾ l Milch**
- **1–2 EL Zucker (Rohrohrzucker ist besonders lecker wegen des leichten Karamellgeschmacks)**
- **1 Prise Salz**
- **etwas abgeriebene Zitronenschale (Achtung: Nur von Biozitronen!)**
- **1 TL Butter**
- **75 g Grieß (am besten Dinkel-Vollkorngrieß)**

So geht's:

- Abgewogene Grießmenge in einer Tasse oder einem Becher bereitstellen
- Milch mit Zucker, Salz, Zitronenschale und Butter in einem großen Topf vorsichtig erhitzen (dazu den Herd auf mittlere Hitze stellen)
- Wenn die Milch etwas schaumig wird und anfängt, nach oben zu steigen, den Herd ausschalten, den Grieß in die Milch schütten und sofort kräftig rühren. Die Grießmasse wird schnell dick und blubbert
- Jetzt einen Deckel auf den Topf tun und den Grieß in der Nachwärme ausquellen lassen, d.h. der Brei wird noch etwas dicker
- Nach ungefähr 10 Min. ist der Grießbrei fertig und kann gegessen werden

Und hier noch eine lockere, gehaltvolle Luxusvariante von meiner Großmutter KH

Das brauchst du zusätzlich:

- **2 Eier (+ 1 Prise Salz)**
- **2 EL gehackte Mandeln**
- **1 Prise Vanille oder 1 TL Vanillezucker oder ein Stück aufgeschnittene Vanilleschote**

So geht's:

- Eier in Eigelb und Eiweiß trennen: Eiweiß mit einer Prise Salz ganz steif schlagen
- Gehackte Mandeln und die Vanille in die Milch geben und dann den Grießbrei wie beschrieben zubereiten (s.o.)
- Eigelb in einer Tasse mit etwas Wasser verrühren und in den heißen Grießbrei einrühren; dann den Deckel auf den ausquellenden Grießbrei legen
- das steife Eiweiß auf den heißen Grießbrei schütten, mit einem Löffel »den Eischnee vorsichtig unterheben«, bis vom Eischnee nur noch kleine weiße Flöckchen im Grießbrei zu sehen sind

Grießbrei schmeckt warm oder kalt, mit frischen Erdbeeren im Juni, selbst gemachtem Apfelmus oder Zwetschenkompott, Sauerkirschen aus dem Glas, Roter Grütze, einfach mit Zimt & Zucker, als Nachtisch oder sogar als Hauptgericht – mit einem Salat als Vorspeise. Wenn du den Zucker weglässt und stattdessen mehr Salz und etwas Muskat nimmst, kannst du den Grießbrei auch als Beilage zu Gemüse nehmen.

Weihnachtsplätzchen

Wenn ich an Weihnachtsplätzchen denke, fallen mir immer als erstes die Kekse zum Ausstechen ein, die nach dem Backen mit Zuckerguss und bunten Verzierungen versehen werden. Als Grundlage dafür nimmt man meistens einen Mürbeteig.

Tipps zum Mürbeteig siehe Seite 152.
Damit aus den normalen Keksen auch wirklich Weihnachtsplätzchen werden, gehören ein paar typische Gewürze in den Teig.

Das brauchst du:

- **250 g Dinkel-Vollkornmehl oder zur Hälfte Auszugsmehl (s. Getreide S. 142)**
- **100 g Zucker**
- **1 TL Backpulver**
- **½ TL Zimt**
- **1 Prise Salz**
- **1 Msp. Nelken**
- **1 Msp. Kardamom**
- **1 Ei**
- **125 g kalte Butter**

Zusätzlich etwas Mehl zum Ausrollen und als Reserve bereithalten.

So geht's:

- Mehl in eine große Schüssel geben und mit allen trockenen Zutaten mischen
- Mulde formen und das Ei hineingeben
- Kalte Butter in kleinen Stückchen möglichst schnell mit den anderen Zutaten vermengen
- Erst zum Schluss den Teig zügig mit den Händen zusammenkneten, bis der Teig ein großer Kloß ist
- 30 Min. in den Kühlschrank stellen
- Teig auf einer bemehlten Platte auf etwa 3 mm Dicke ausrollen
- Förmchen ausstechen und mit Abstand voneinander auf ein Backblech mit Backpapier setzen
- Plätzchen bei 180–200° C backen, bis sie leicht gebräunt sind (ca. 10 Min.)

- Sollen die Plätzchen verzieren werden, abkühlen lassen, mit Zuckerguss bestreichen und anschließend mit gehackten Nüssen bzw. Mandeln, Schokostreuseln, Hagelzucker oder Kokosraspeln bestreuen

Guss:

- Reichlich Puderzucker mit etwas Zitronensaft glatt rühren, so dass der Guss streichfähig, aber nicht zu flüssig ist
- Auf den noch weichen Guss die Verzierungen streuen und aushärten lassen

Tipp: Weihnachtsplätzchen lassen sich gut in Blechdosen aufbewahren.

Plätzchen-Varianten

Schwarz-Weiß-Gebäck

Wenn du keine Lust aufs Ausstechen hast, kannst du auch diese Variante wählen:

- den Teig in zwei gleiche Teile teilen und unter die eine Hälfte 3 EL Back-Kakaopulver mischen
- aus dem Teig kleine Teile abnehmen und daraus Rollen mit ca. 1 cm Durchmesser formen (erst mit beiden Händen Kugeln formen und diese dann mit beiden Händen auf der bemehlten Arbeitsplatte ausrollen)
- aus gleichlangen Rollen Muster legen:

Z.B. **Das Schachbrett:**
Benötigt werden 5 weiße Rollen und 4 braune
Unterste Ebene: Zwischen 2 weiße Rollen kommt eine braune, darüber zwischen zwei braune eine weiße und oben wieder zwischen zwei weiße eine braune.
Nun den entstandenen dicken Strang etwas zusammendrücken, damit er ein bisschen eckig wird und die kleinen Rollen sich verbinden. Dann mit einem scharfen Messer ca. ½ cm breite Scheiben abschneiden und auf das Backblech setzen.

Augen:
1 Rolle in Weiß und 1 dünne Platte in Braun, die sich um die weiße Rolle wickeln lässt.
In Scheibchen schneiden und backen
(danach vielleicht in umgekehrter Farbkombi)
Der Fantasie sind keine Grenzen gesetzt, lass dir gern noch ein paar mehr Muster einfallen.
Zu den Plätzchen passt ganz ausgezeichnet ein winterlicher Holunderpunsch (siehe Seite 135).

Cracker & Dips (auch vegan)

Selbst gemachter Knabberkram hat schon was … Man kann seine Lieblingsnüsse verwenden und den Salz- und Schärfegehalt selbst bestimmen. Geschmacksverstärker wie in gekauften Chips etc. sind gar nicht nötig.

Körner-Cracker (vegan)

Das brauchst du:

- **50 g Sonnenblumenkerne**
- **50 g Kürbiskerne (gehackt)**
- **100 g feine Haferflocken**
- **50 g Sesam**
- **100 ml Wasser (evtl. 50 ml durch Sojasoße ersetzen, dann kein oder weniger Salz)**
- **Salz**

So geht's:

- Kürbiskerne und Sonnenblumenkerne hacken
- In einer Schüssel die Haferflocken mit den gehackten Kürbis- und Sonnenblumenkernen, dem Sesam und etwas Salz mischen
- Das Wasser hinzufügen und die Körnermischung für mind. 60 Min. einweichen lassen
- Evtl. ein wenig mehr Wasser zufügen. Von der Körnermasse mit dem Löffel kleine Häufchen auf ein mit Backpapier ausgelegtes Backblech setzen und gleichmäßig platt drücken – möglichst dünn, ca. 3 mm (geht am besten, wenn man den Löffel regelmäßig ins Wasser taucht)
- Backofen auf 150–175° C Umluft stellen und Cracker ca. 30–40 Min. backen lassen. Die Backzeit hängt stark von der Dicke der Kräcker ab, hin und wieder nachschauen

Nusscracker

Das brauchst du:

- 300 g Nüsse (Walnüsse, Haselnüsse, Mandeln)
- 1 dicke Knoblauchzehe
- 1 TL Rosmarin, getrocknet
- 1 TL Meersalz
- 1 EL Olivenöl
- 1 Ei
- 3 EL Wasser

So geht's:

- Knoblauch fein hacken
- Nüsse zusammen mit Knoblauch, Rosmarin und Meersalz im Mixer mahlen. Sie sollten einigermaßen fein sein, aber keine homogene Masse werden. Gerne können verschieden große Stückchen erhalten bleiben. Wer keinen Mixer oder kräftigen Pürierstab hat, kann auch gekaufte gemahlene Nüsse bzw. Mandeln mit gehackten Nüssen bzw. Mandeln mischen
- Olivenöl, Ei und Wasser dazugeben und gründlich durchmischen; danach ca. 30 Min. ziehen lassen
- Mit dem Löffel kleine Häufchen Nussmasse auf ein mit Backpapier ausgelegtes Backblech setzen und gleichmäßig platt drücken – möglichst dünn, ca. 3 mm (geht am besten, wenn man den Löffel regelmäßig ins Wasser taucht)
- Mit einem Pinsel Wasser auf die Nusskräcker streichen
- Backofen auf 150–175° C Umluft stellen und die Kräcker ca. 30–40 Min. backen lassen. Die Backzeit hängt stark von der Dicke der Cracker ab, hin und wieder nachschauen

Saaten-Cracker (vegan)

Das brauchst du:

- ¼ Tasse Sonnenblumenkerne
- ½ Tasse Leinsamenschrot
- ¼ Tasse Mohnsamen
- 1 Tasse warmes Wasser
- 1 TL Salz
- 2 TL Kräuter (Oregano, Majoran, Thymian, Rosmarin, Estragon)
- Evtl. 1 TL Chilipulver, Paprika etc.

So geht's:

- Sonnenblumenkerne hacken
- Samenmischung mit warmem Wasser anrühren. Leinsamen schleimen dann ein bisschen aus, das wirkt als Kleber, damit die Masse zusammenhält
- Kräuter und Gewürze dazugeben, mind. 60 Min. quellen lassen
- Von der Saatenmischung mit dem Löffel kleine Häufchen auf ein mit Backpapier ausgelegtes Backblech setzen und gleichmäßig platt drücken – möglichst dünn, ca. 3 mm
- Mit einem Pinsel Wasser auf die Nusscracker streichen
- Backofen auf 150–175° C Umluft stellen und Cracker ca. 30–40 Min. backen lassen. Die Backzeit hängt stark von der Dicke der Cracker ab, hin und wieder nachschauen
- Cracker aus dem Backofen nehmen und auf dem Kuchengitter ausdampfen und aushärten lassen. Zum Schluss sollten die Cracker trocken, knusprig und leicht angeröstet sein

Dips für Cracker, Gemüsesticks & Co

Dips kann man immer brauchen. Sie sind vielseitig einsetzbar: als aromatische Ergänzung zu Crackern, mit Gemüsesticks als Beilage zum Brunch oder als Aufstrich fürs Abendessen.

Scharf-fruchtiger Meerrettich-Dip (Winter)

Zu frisch geriebenem Meerrettich gibt es einfach keine Alternative. Er ist so scharf, dass er einem beim Reiben von der Nase direkt ins Hirn zieht und einem die Tränen in die Augen treibt. Das schafft Meerrettich aus der Tube oder dem Glas meist nicht. Außerdem fehlen bei der Original-Wurzel die säuerlich schmeckenden Konservierungsmittel. Zitronensaft kann man nach Geschmack dazugeben.

Das brauchst du:

- **150 g Frischkäse**
- **½ Zitrone (Saft)**
- **4–5 EL fein geriebener Meerrettich (entspricht ca. 5 cm Meerrettich-Wurzel, oder auch mehr)**
- **1 mittelgroßer Apfel**
- **100 ml süße Sahne**
- **Pfeffer, Salz, Zucker nach Geschmack**

So geht's:

- Meerrettich mit einer Raspel sehr fein reiben und sofort etwas Zitronensaft zugeben, damit er nicht braun wird
- Apfel schälen, vierteln, das Kerngehäuse entfernen und ebenfalls fein reiben
- Frischkäse glatt rühren; Meerrettich und Apfel unterziehen
- Sahne schlagen und unter die Meerrettich-Apfel-Frischkäsecreme heben
- Mit Salz, Pfeffer und Zucker abschmecken

Pikanter Currydip
(ganzjährig) (vegan)

Das brauchst du:

- 50 g rote Linsen
- 2 EL helles Apfel- oder Quittengelee
- ½ Zitrone (Saft)
- 1–2 TL pikante Currymischung
- Wer es scharf mag: zusätzlich ½ TL Chilipulver oder 1 frische rote Chilischote / Peperoni (sehr fein gehackt)
- Salz nach Geschmack
- nach Bedarf 2 cm frisch geriebenen Ingwer

So geht's:

- Linsen in wenig Wasser weich kochen, Wasser abgießen und Linsen abkühlen lassen
- Linsen mit Fruchtgelee, Zitronensaft und allen Gewürzen fein pürieren
- Abschmecken und evtl. nachwürzen

Frischer Knobi-Kräuterdip
(Frühling)

Das brauchst du:

- 100 g saure Sahne
- 100 g Mascarpone
- ½ Limette oder Zitrone
- 2–3 Knoblauchzehen
- 1 Handvoll frische Kräuter (Petersilie, Giersch und /oder andere)

So geht's:

- Saure Sahne, Mascarpone und Limettensaft glatt rühren
- Knoblauch schälen und sehr fein hacken oder auspressen
- Kräuter waschen, grobe Stiele entfernen und fein hacken
- Knoblauch und Kräuter unter die Sahne-Mascarpone-Creme rühren

Doppel-Schoko-Muffins

Diese Schoko-Muffins sind super-schokoladig, und wenn man sie zum richtigen Zeitpunkt aus dem Ofen nimmt, zerschmelzen sie auf der Zunge. Wenn du es dann noch schaffst, fair gehandelte Zutaten zu benutzen, haben auch noch Menschen auf der anderen Seite der Erde etwas davon.

Das brauchst du:

- 250 g Dinkelvollkornmehl
- 150 g Rohrohrzucker
- 2 gehäufte EL Kakaopulver
- ½ TL Natron (Natron wird statt Backpulver eingesetzt)
- 150 g Bio-Vollmilch-Schokolade (klein geraspelt oder gehackt)
- 50 g Bio-Zartbitter-Schokolade (klein geraspelt oder gehackt)
- 250 ml Milch
- 90 ml Öl ohne intensiven Geschmack
- 1 Ei

So geht's:

- Mehl, Zucker, Kakaopulver, Natron und die Schokoladenstückchen in einer großen Schüssel gut vermischen und in der Mitte eine Kuhle formen
- Milch, Öl und Ei in die Kuhle geben und mit dem Mixer alle Zutaten zu einem Teig verrühren
- Papierförmchen in die Muffinform geben und den Teig gleichmäßig mit einem großen Löffel auf die 12 Förmchen verteilen
- Bei 150° C Ober- und Unterhitze etwa 20 Min. backen
- Mit einem Zahnstocher in die Mitte von 2 oder 3 Muffins stechen. Wenn am Zahnstocher flüssiger Teig hängenbleibt, noch 5 Min. weiterbacken. Wenn nur ein paar Krümel hängenbleiben, sind die Muffins gar

Fladenbrot (vegan)

Ein Fladenbrot – fluffig locker und vielleicht sogar noch warm oder frisch aufgebacken – eignet sich als Beilage für Salate, Dips oder auch zu Gemüsegerichten.

Herstellung von Hefeteig s. Teigarten, S. 152.

Das brauchst du:

- **1 kg Weizen- oder Dinkelmehl (ich mische gerne frisch gemahlenes Vollkorn- und Auszugsmehl)**
- **550 ml handwarmes Wasser**
- **½ Würfel Frischhefe**
- **1 EL Zucker**
- **3 TL Salz**
- **Etwas Oliven- oder anderes Öl**
- **Evtl. Sesam, Sonnenblumenkerne oder Ähnliches zum Bestreuen vor dem Backen**

So geht's:

- Mehl in eine Schüssel geben und in der Mitte eine Kuhle formen
- Hefe mit etwas Zucker gründlich verkneten, bis die Mischung sich verflüssigt hat
- Mit dem Wasser die Hefe in die Kuhle schwemmen. Wenn der Anteil an Vollkornmehl mehr als 10 % beträgt, muss etwas mehr Wasser dazugegeben werden, weil das Mehl noch quillt
- Salz und Olivenöl zugeben
- Mehl nach und nach in die Wasser-Hefe-Mischung geben, bis es sich nicht mehr rühren lässt; dann mit Kneten anfangen. So wird die Mischung gut belüftet, und die Hefe kann gut arbeiten. Wenn der Teig sich schwer kneten lässt, noch etwas Wasser zugeben
- Den Teig als glatte Kugel in der Schüssel belassen und zugedeckt über Nacht gehen lassen. Am nächsten Morgen den Teig auf ein mit Backpapier belegtes Backblech geben und vorsichtig in Form ziehen, so dass ein Fladenbrot entsteht. Oder in eine flache Auflaufform geben und mit einem Teigschaber »zerschneiden«, so dass Brötchen entstehen

Holunderpunsch (vegan)

Das brauchst du:

- 250 ml Wasser
- 1 TL Punschgewürz (gemischt aus Kardamom, Sternanis, Orangenschale, Zimt, Nelken etc.)
- 1 l Apfelsaft
- 500 ml Fliederbeersaft (Holundersaft)
- Zucker oder Honig nach Geschmack

So geht's:

- Wasser und Punschgewürz in einen Topf geben und 5 Min. aufkochen
- Herd auf niedrigste Stufe schalten, die Säfte hinzugeben und erwärmen
- Nach Wunsch mit Honig oder Zucker süßen

Tipp: Wenn du den Holunderpunsch erst mit Honig würzt, wenn er auf 40° C abgekühlt ist, kannst du noch von den gesunden Enzymen im Honig profitieren. Bei mehr als 40° C degenerieren die Eiweiße, aber du hast immer noch den angenehmen Geschmack.

Meisenringe

Selbstverständlich ist dies eigentlich ein Kochbuch für Menschen. Aber da mich immer im Dezember die Lust überkommt, auch meinen gefiederten Mitbewohnern ein wenig mit Nahrung unter die Flügel zu greifen, kommt hier ein gutes Rezept dazu. LO

Das brauchst du:

- **Sonnenblumenkerne (geschält und ungeschält)**
- **Nüsse (was immer gerade noch im Vorratsschrank ist), klein gehackt**
- **Diese beiden Zutaten werden am besten angenommen; die unten genannten werden oft von den Meisen, die am meisten an die Ringe gehen, fallen gelassen und von anderen Vögeln vom Boden gefressen**
- **Evtl. Haferflocken**
- **Evtl. Rosinen (mögen Amseln besonders gern)**
- **Evtl. Hanfsamen**
- **Kokosfett (es geht auch Rindertalg, der ist mancherorts lokal zu kriegen, den muss man aber beim Metzger bestellen, da er meistens nicht in der Küche verwendet wird)**

Die Menge dieser Zutaten hängt von der Form ab, die man für die Meisenfutterstation verwenden will. Ich habe mir auf einem Schrottwichtelabend eine Donutform gesichert, die für den Zweck von Meisenringen bestens geeignet ist, denn sie gibt mir das Loch zum Aufhängen vor. Man kann aber auch eine Muffinform nehmen, in deren Mitte man ein Stück zurechtgeschnittene Papprolle stellt. Oder man macht keine Ringe, sondern füllt einen kleinen Ton-Blumentopf, in den man vorher ein Pappscheibchen mit Aufhängung vor das Bodenloch gelegt hat, und erhält dann, wenn das Fett hart ist, eine Meisenfutterstelle.

So geht's:

- Donutform mit der Körnermischung bis zum Rand füllen
- Kokosfett schmelzen und über die Körner gießen, bis alle gut im Fett versinken
- Hart werden lassen und mit etwas heißem Wasser die Form von unten erhitzen, damit sich die Ringe aus der Form lösen lassen

Ich fädele die Ringe immer auf einen gegabelten Ast, dann haben die Vögel schon einen Landeplatz. Diesen Ast hänge ich dann an eine Stelle im Garten, wo die Vögel eine lauernde Katze gut sehen können, und freue mich sehr, wenn verschiedene Meisen, der Buntspecht, der Kleiber und viele andere, die die Reste vom Boden picken, mein Angebot annehmen. Für die Rotkehlchen stelle ich auch gern einen Blumenuntersetzer mit Haferflocken und geschälten Sonnenblumenkernen, die ich mit Kokosfett verklebt und anschließend sehr klein gehackt habe, an eine trockene Stelle.

Die Winterfütterung der Vögel sollte grundsätzlich in Zeiten erfolgen, wo sie wenig andere Alternativen haben. Aber bis eine Futterstelle tatsächlich angenommen wird, kann es bis zu drei Wochen dauern (wenn denn Vögel in der Nähe sind), daher füttere ich meistens ab Mitte Dezember, weil es bei uns irgendwann ab Silvester meistens richtig kalt wird. Im Frühjahr stelle ich das Füttern dann wieder ein und achte lieber darauf, dass mein Garten vielfältig und insektenfreundlich ist. Das nutzt auch den Vögeln und ist für deren Jungenaufzucht viel gesünder als das, was ich füttern könnte.

Wie war das noch?

Warenkunde und klassisches Küchenwissen

Blatt-Salate

Eigentlich ist der Winter so gar nicht die Jahreszeit für frische Blattsalate, aber die drei vorgestellten Beispiele bilden da eine Ausnahme.

Chicorée

Die Karriere des Chicorées begann mit der Nutzung ihrer Wurzelrübe, aus der man ein kräftig-herbes Getränk herstellen kann, das als Kaffee-Ersatz diente. Noch heute findet man die gemahlene, geröstete Wurzel in vielen sogenannten Landkaffees als Zichorien.

Der feste, längliche Chicorée-Kopf ist eigentlich die Knospe, mit der die überwinternde Rübe der Chicoréepflanze austreibt. Geschieht das im Dunkeln, bildet sich kein Chlorophyll, und der Chicorée bleibt weißgrünlich und zart. Sowie er bei der Lagerung oder auch beim Transport dem Licht ausgesetzt wird, färbt er sich grün und wird sehr bitter. Auch so hat er frisch im Salat, vorsichtig gedünstet oder im Ofen gratiniert eine herbe Bitterkomponente, die man jedoch gut mit einer milden Sahnesoße oder Früchten abpuffern kann.

Radicchio

Der kräftig-rote Radicchio mit den weißen Blattrippen gehört auch zur Zichorien-Verwandtschaft. Er gilt als Kulturvarietät des Chicorées und enthält ebenfalls Bitterstoffe. Radicchio bringt Farbe auf den winterlichen Salatteller und harmoniert gut mit einer fruchtig-süßen Vinaigrette. Leicht angedünstet kann er auch zur Gemüsebeilage von Pasta- und Reisgerichten werden.

Feldsalat

Feldsalat, auch Rapunzel genannt, gehört zu den Baldriangewächsen. Die einjährige Pflanze keimt im Herbst und überwintert als Blattrosette, die wir für Salate ernten. Die intensiv grünen Blätter sind sehr aromatisch und haben oft einen leicht nussigen Geschmack. Er eignet sich einerseits kombiniert mit Früchten für eine mild-süße Zubereitung, andererseits verträgt er auch gut kräftige Kontrahenten wie getrocknete Tomaten, Ziegenkäse und geröstete Zwiebeln.

Eier

Die Eier werden direkt auf dem Erzeugerhof nach dem Einsammeln mit einem Stempel gekennzeichnet, der die Haltungsform der Hühner und die Herkunft der Eier angibt.

Der erste Buchstabe steht für die Haltungsform der Tiere (s. Tabelle S. 139). Der folgende Buchstabe steht für das EU-Land an, in dem der Betrieb steht: in diesem Fall D für Deutschland. Danach kommen die Kennzeichnungszahlen der Bundesländer:

01 = Schleswig-Holstein
02 = Hamburg
03 = Niedersachsen
04 = Bremen
05 = Nordrhein-Westfalen
06 = Hessen
07 = Rheinland-Pfalz
08 = Baden-Württemberg
09 = Bayern
10 = Saarland
11 = Berlin
12 = Brandenburg
13 = Mecklenburg-Vorpommern
14 = Sachsen
15 = Sachsen-Anhalt
16 = Thüringen

Code	Haltungsform
0 = "Bio"-Eier	Pro **6** Tiere gibt es im Stall 1 m^2 Fläche zum Scharren. Es gibt Sitzstangen (18 cm pro Tier) und der Stall hat mindestens zu einem Drittel eine Einstreu aus Stroh, Sand oder Holzspänen. Außerdem gibt es pro Henne mindestens 4 m^2 Auslauf und Tageslicht. Die Tiere dürfen nur Futter aus ökologischem Landbau bekommen.
1 = Freilandhaltung	**9** Tiere pro m^2 sind in dieser Haltungsform erlaubt. Der Stall muss zu einem Drittel eingestreut sein und Sitzstangen haben. Tagsüber haben die Hennen Auslauf im Freien. Für jedes Tier sind dort mindestens 4 m^2 vorgeschrieben.
2 = Bodenhaltung	Die Hühner haben keinen Zugang nach draußen, sondern leben in einem geschlossenen Stall. Für neun Tiere muss mindestens ein Quadratmeter Bodenfläche zur Verfügung stehen. Den Hennen werden Nester auf mehreren Etagen angeboten, in der sie ihre Eier legen können. Zu mindestens einem Drittel muss der Stall eingestreut sein, damit die Tiere scharren können.
3 = Käfighaltung	Seit 2012 dürfen in der gesamten EU Legehennen nur noch in sogenannten ausgestalteten Käfigen gehalten werden mit mindestens 0,075 Quadratmeter Käfigfläche pro Henne (Das entspricht etwas mehr als einem DINA4-Blatt. = 0,065 m^2), einem Legenest, Einstreu und Sitzstangen. Die Käfige müssen eine Höhe von mindestens 50 Zentimetern aufweisen.

Die Zahl für die gewünschte Haltungsform im Kopf zu haben (sind ja nur 4) ist sehr sinnvoll, denn bei im Supermarkt lose verkauften Eiern kann es bei dieser individuellen Kennzeichnung so keine Missverständnisse geben. Wenn eine 1 oder 2 draufsteht, können es keine Bioeier sein.

Sichere Lagerung von Eiern

Eier haben ihr offizielles Mindesthaltbarkeitsdatum 28 Tage nach dem Legen. Das ist so berechnet, dass die Eier in dieser Zeit nicht unbedingt gekühlt werden müssen. Es wird aber empfohlen, sie spätestens nach 20 Tagen im Kühlschrank aufzubewahren. Wenn man die Eier gleich nach dem Einkauf in den Kühlschrank legt, verlängert sich der Zeitraum, bis das Ei nicht mehr genießbar ist, noch mal um mehrere Wochen. Aufgeschlagene Eier sollten noch am selben Tag verwendet werden.

Ob ein Ei frisch ist, kann man mit dem Wasserglas-Trick herausfinden: Lege ein rohes Ei in ein hohes Glas mit Wasser – wenn es oben schwimmt, ist es nicht mehr frisch. In jedem Ei gibt es eine Luftblase (daher vor dem Kochen am dicken Ende anpieksen, damit es nicht platzt). Wenn das Ei lange liegt, verdunstet Wasser, und die Luftblase wird größer, bis das Ei mit ihr schwimmen kann.

Ob ein Ei wirklich schlecht ist, kann man nach dem Aufschlagen erkennen. Das stinkt gewaltig. Wenn du also Zweifel am Ei hast, schlag es doch in eine Tasse auf, damit du nicht möglicherweise noch andere Lebensmittel damit verdirbst.

Einkaufen

Wo man einkaufen geht, hängt natürlich vom persönlichen Bedarf ab, aber auch von den Gegebenheiten vor Ort. Wenn man in Hamburg in Eimsbüttel wohnt, hat man auf einem Quadratkilometer mehrere Bio-Supermärkte, -bäckereien, -fleischer etc. Wenn man eher am Stadtrand wohnt, gibt es zwar mehrere Discounter und Supermärkte, deren Waren über irgendwelche Zentrallager weit gereist sind, aber unverpacktes Bio-Gemüse gibt es nur auf dem Wochenmarkt. Wenn man einen Hofladen vom Erzeuger seiner Wahl in der Nähe seiner Wohnung hat, umso besser.

Nicht immer bin ich so gut organisiert, dass mein Marktbesuch für den Rest der Woche den Bedarf an frischem Obst und Gemüse befriedigt. Oder die Familie wünscht sich spontan ein Essen, für das nicht alle Zutaten im Hause sind.

Beim Einkauf im Supermarkt fällt aber stets auf, dass selbst Lebensmittel, die auch ohne Verpackung eine Woche haltbar wären (wie z.B. Schwarzwurzeln) oder die nicht einzeln durch den Laden kullern würden (wie z.B. Weintrauben), oftmals in Plastik und/oder Karton verpackt sind. Einen gut geplanten Wochenmarkteinkauf kann man tatsächlich müllfrei gestalten. Mitgebrachte Stoff- und Gemüsebeutel machen selbst Papiertüten überflüssig.

Andererseits fällt aber auch auf, dass ein Einkauf auf dem Wochenmarkt deutlich teurer ist als vergleichbare Ware im Supermarkt.

Flotte Lotte

Dieses Haushaltsgerät ist einer unserer Küchenlieblinge. Sie erspart uns eine Menge Arbeit, z.B. bei Johannisbeeren: Die muss ich nicht mehr abstribbeln, wenn ich Gelee kochen will, sondern ich kann sie mit Stielen waschen, aufkochen und durch die Flotte Lotte drehen. Dann bleiben die Stiele und Kerne oben im Sieb hängen und der Saft und das Fruchtfleisch landen unten in der Schüssel.

Auch bei allen Früchten mit Kernen funktioniert das. Die Kerne bleiben oben und das Fruchtfleisch und der Saft landen in der Konfitüre. Der Fruchtbrei, der unter der Flotten Lotte in der Schüssel landet, ist mehr als nur Saft und heißt Fruchtmark.

Getreide

Getreide sind botanisch gesehen Gräser, die sehr stärkehaltige Samen haben. Wir essen meistens Weizen, Dinkel, Roggen und Reis. Gerste wird häufig in Form von Graupen verarbeitet. Dazu werden die Gerstenkörner geschält und geschliffen. Hafer essen wir oft als gequetschte Körner in Müsli oder Porridge. Dann nennt man sie Haferflocken. Mais ist auch ein Getreide, und wir essen ihn gern als frischen Zuckermais aus der Dose, Maismehl oder -grieß und Popcorn. Hirse ist ein in Afrika häufig angebautes Getreide. Beim Grünkern handelt es sich um unreif geernteten und danach gedörrten Dinkel.

Getreide ist neben Kartoffeln eine gute Quelle für Kohlenhydrate. Sie machen satt und geben Energie. Sowohl Reis als auch andere Getreidesorten können wir ungeschält als Vollkorn oder als geschälte Varante kaufen.

Wer viel Vollkornmehl verwendet, kann sogar über die Anschaffung einer eigenen Getreidemühle nachdenken. Die eigene Mühle macht die Unterschiede zwischen Vollkorn- und weißen Mehlen besonders deutlich. Wenn ich Getreidekörner in der eigenen Mühle mahle, entsteht Vollkornmehl. Das Getreidekorn hat dann zwar schon beim Dreschen des Korns bei der Ernte seine Spelzen verloren, aber der eigentliche Samen landet in meiner Mühle. Alle Randschichten sind noch drin. Wenn ich jetzt mein Mehl durch immer feiner werdende Siebe gebe, kann ich immer feineres (und weißeres) Auszugsmehl erhalten. Dann bleiben im Wesentlichen das Klebereiweiß (Gluten) und die Kohlenhydrate übrig. Die Vitamine, Ballast- und Mineralstoffe aus den Randschichten werden ausgesiebt.

Man erkennt diese Mehle an den Typ-Bezeichnungen auf der Verpackung: Je größer die Zahl, desto dichter am Vollkornmehl, je kleiner sie ist, desto mehr wurde ausgesiebt. Die Zahlen ergeben sich aus der Menge an Mineralien, die man in der Asche von 100 g Mehl noch findet: Beim feinen 630-er Dinkelmehl sind noch 630 mg Mineralien drin.

Mais: Körner, Gries, Mehl

Dinkel: Körner

Wie kocht man Reis?

Als erstes solltest du dir den Reis anschauen: Ist es Rundkornreis (z.B. für Milchreis, s. S. 37) oder Langkornreis (z.B. für Risi-Pisi, s. S. 82)? Danach richtet sich nämlich die Menge an Flüssigkeit (Milch oder Wasser), die du brauchst: Beim Langkornreis ist es immer zweimal so viel Flüssigkeit, beim Rundkornreis dreimal so viel.

Das brauchst du (genaue Mengen stehen immer bei den einzelnen Rezepten):

- **Reis (Rundkorn oder Langkorn)**
- **Fett (Butter oder Bratöl)**
- **Flüssigkeit (Milch oder Wasser)**
- **Salz**

Und schon kann's losgehen:

- Stell den Topf auf den Herd, gib das Fett hinein und schalte die Platte auf eine niedrige Stufe (2 oder 3). Lass das Fett heiß werden und schütte dann den Reis hinein (Beispiel: eine volle Tasse).
- Rühre mit dem Kochlöffel ein paarmal um. Jetzt gieße beim Langkornreis das heiße Wasser zu (Beispiel: 2 volle Tassen), beim Rundkornreis die Milch

(Beispiel: 3 volle Tassen). Gib je nach Rezept Salz, Zucker oder auch andere Gewürze dazu.

- Jetzt warte, bis die Flüssigkeit richtig kocht. Beim Langkornreis geht das sehr schnell, wenn du heißes Wasser genommen hast. Beim Rundkornreis und der Milch dauert es etwas länger. Hier musst du vorsichtig rühren und aufpassen, dass die Milch nicht überkocht. Jetzt schalte den Herd wieder aus und lege den Deckel auf den Topf. Der muss aber auf jeden Fall auf der heißen Platte stehen bleiben.

Weißer dünner Langkornreis (z.B. der bekannte Basmatireis) wird nun gar, ohne dass du den Herd noch einmal einschalten musst. Nach ungefähr 15 Minuten ist der Reis fertig und das ganze Wasser weg. Naja, natürlich nicht weg – vielmehr ist der Reis gequollen und hat das Wasser in sich aufgenommen. Und das Beste: nichts klebt. Der Reis ist locker geblieben.

Vollkorn-Langkornreis und auch der Rundkornreis brauchen nach ca. 20 Minuten nochmal etwas Hitze zum Quellen: Schalte den Herd dazu auf die niedrigste Stufe (1 oder sogar nur auf ½) und lass den Reis in 10 bis 15 Minuten fertig garen. Wichtig: zwischendurch nicht rühren! Sonst wird der Reis doch noch pappig!

Falls dir der Milchreis zu fest und klebrig ist, kannst du zum Schluss natürlich noch Milch zugießen und dabei vorsichtig umrühren.

Langkornreis: Basmati

Hülsenfrüchte

Aus botanischer Sicht sind Hülsenfrüchte die Samen (oder, wie im Falle grüner Bohnen, die ganzen Früchte) der Leguminosen – der Schmetterlingsblütler (botanisch: Fabaceae). Dazu gehören neben den Bohnen auch Kichererbsen, Erbsen, Linsen, Erdnüsse, Klee und viele mehr.

Hülsenfrüchte sind wichtige Lebensmittel, weil sie besonders viel Eiweiß enthalten. Für eine fleischarme, vegetarische oder vegane Ernährung sind sie daher eine willkommene Eiweißquelle. Ermöglicht wird das durch das enge Zusammenleben (Symbiose) der Leguminosen mit Knöllchenbakterien, die für die Pflanzen den Luftstickstoff binden und ihn zur Verfügung stellen und die dafür mit Kohlenhydraten versorgt werden. Aus gärtnerischer Sicht sind Leguminosen deshalb auch Pflanzen, die auf nährstoffarmen Böden wachsen können, weil sie sich quasi ihren Dünger selbst produzieren lassen.

Den größtmöglichen Eiweißgehalt haben die ausgereiften, trockenen Samen. Grüne Bohnen oder auch junge Erbsen aus der Schale enthalten deutlich mehr Zucker, was sie zu einem leckeren frischen Gemüse macht. Sie brauchen nur kurz gekocht zu werden.

Als Kind fuhr ich in den Sommerferien immer mit meinen Eltern nach Dänemark in ein Ferienhaus in den Urlaub. Schon auf der Hinfahrt gab es überall am Straßenrand junge Erbsen mit Schale zu kaufen. Daher ist mir das dänische Wort für Erbsen »Ærter« immer noch ein Begriff. Meine Schwester und ich haben schnell gelernt, an die leckeren süßen Kerne zu kommen, und hatten meistens das erste Kilo schon am Ferienhaus weggefuttert.

Hier bei uns sind Erbsen in der Schale im Frühsommer auch auf dem Markt zu kaufen, aber ein recht kostspieliges Vergnügen (5–7 € pro Kilo). Wer im Garten oder in einem großen Blumentopf die Möglichkeit hat, dem empfehle ich den eigenen Anbau, der ist unkompliziert. Auf jeden Fall sind die grünen frischen Erbsen köstlich, so dass eine pürierte Suppe – mit etwas frischer Minze und einem Schuss Sahne – zu einem sommerlichen Genuss wird. Zum Glück lassen sich frische Erbsen gut einfrieren und sind so als Tief-

Hülsenfrucht-Vielfalt – Von links nach rechts und oben nach unten: Kichererbsen, Rote Kidneybohnen, Erbsen, Berglinsen, Belugalinsen, Gelbe Linsen, Rote Linsen, Moth-Beans, Weiße Riesenbohnen

kühlgemüse problemlos zu verwenden (s. Risi-Pisi, Seite 82).

Bei Bohnen wird vom Rohverzehr abgeraten, da sie ein Gift (Phasin) enthalten. Gekocht sind sie aber unbedenklich.

Ich habe nicht immer gute Erfahrungen gemacht, Bohnen oder Linsen ohne vorheriges Einweichen zu kochen. Der Zeitpunkt zwischen »noch hart« und »aufgeplatzt« ist schwer abzupassen. Wenn man sie ein paar Stunden (Linsen) oder über Nacht (Bohnenkerne, Kichererbsen) einweicht, lassen sie sich deutlich schneller weich kochen, ohne ihre Form zu verlieren. Lediglich rote Linsen, die ohne Samenschale verkauft werden, sind so schmal, dass sie nicht eingeweicht werden müssen. Wenn man sie allerdings im Salat essen möchte, wo man sie noch erkennen soll, empfiehlt sich das Einweichen auch hier. Dann braucht man sie nur kurz aufzukochen, bis sie gar sind.

Gekochte Hülsenfrüchte eignen sich püriert und entsprechend gewürzt hervorragend als Brotaufstriche oder Beilagen (s. Hummus, Seite 41), deftige Wintergerichte (s. Linseneintopf, Seite 123) oder exotische vegetarische bzw. vegane Hauptgerichte (s. Kichererbsen-Curry, Seite 121).

Eine weitere leckere Möglichkeit, Hülsenfrüchte zu essen, sind **Sprossen**. Man kennt die »Sojabohnen-Sprossen«, die ja eigentlich Mungobohnen-Sprossen sind, aus chinesischen Restaurants. Ähnliches kann man auch selbst machen (siehe Seite151). Ich empfehle dazu »Moth-Beans«, die sind nach spätestens zwei Tagen essfertig und superlecker. Aber auch Kichererbsen und die Samen vieler Kohlgewächse (Brokkoli, Radieschen etc.) eignen sich dazu. Sie sind eine gute Möglichkeit, sich im Frühjahr, bevor die Vegetationsperiode so richtig ernten lässt, mit Frischkost zu versorgen (s. Chicorée-Salat mit Sprossen, Seite 113).

Kartoffeln

Die Kartoffel ist ein Grundnahrungsmittel bei uns, was daran liegen könnte, dass sie in unseren Breiten relativ einfach zu kultivieren ist. Ein großer Blumentopf auf dem Balkon (für eine Pflanze) oder ein kleines Beet im Garten können schon zu einer guten Ernte führen. Es geht nichts über frisch geerntete Kartoffeln als Pellkartoffeln.

Aber Achtung: Alle grünen Teile der Kartoffel sind giftig! Wenn sie grüne Stellen haben, sollte man diese vor dem Verzehr großzügig wegschneiden.

Kartoffeln enthalten nicht nur Stärke, sondern auch Eiweiß und Ballaststoffe, aber kaum Fett. Als Mineralstoffe findet man unter anderem Kalium.

Wenn man auf dem Markt oder im Supermarkt vor dem Gemüse steht, fällt auf, dass sich Kartoffeln immer in »mehlig kochend«, »vorwiegend festkochend« oder »festkochend« einteilen lassen. Diese Sorten unterscheiden sich in ihrem Stärkegehalt. Daher setzt man sie für unterschiedliche Zwecke in der Küche ein:

Festkochende Kartoffeln haben den geringsten Gehalt an Stärke. Sie sind super für Kartoffelsalat, Bratkartoffeln, Gratin oder Salzkartoffeln. Sie zerfallen nicht (oder erst nach deutlich zu langem Kochen!!).

Vorwiegend festkochende Kartoffeln nutzt man für Salzkartoffeln, Pellkartoffeln, Kartoffelpuffer und Rösti. Sie zerfallen leichter als die der obigen Kategorie. Bei ihnen sollte man genauer auf die Kochzeit achten.

Mehlig kochende Kartoffeln sind durch ihren hohen Stärkegehalt überall dort gut, wo sie Gerichte binden sollen, wie z.B. in sämigen Suppen, Kartoffelklößen oder Kartoffelpüree. Als Salzkartoffeln werden sie leicht matschig, weil sie gern beim Kochen zerfallen.

Kohl

Kohl ist in der Saison unschlagbar günstig. Da gibt's jede Menge qualitativ hochwertige Masse fürs Geld, gerade bei den dichtgepackten Blättern von Weiß- und Rotkohl. Das Gute daran: Auch ein angeschnittener Kohlkopf lässt sich gekühlt und mit abgedeckter Schnittfläche mehrere Tage lang aufheben. Zur Gattung Kohl *(Brassica)* gehören viele bekannte Kulturpflanzen, vom klassischen Kohlkopf über Brokkoli und Kohlrabi bis hin zu Raps und Senf.

Blumenkohl

Beim Blumenkohl werden die fleischigen, kopfförmig zusammenstehenden Blütensprossen gegessen. Erntet man Blumenkohl nicht, »schießt« er, und die gestreckten Sprosse bilden schon im ersten Jahr gelbe Blüten. Romanesco ist übrigens eine Variante des Blumenkohls – mit spitzen, hellgrünen Röschen.

Blumenkohl hat einen milden Geschmack und ist leicht verdaulich. Man kann ihn als Rohkost genießen oder ihn auf die unterschiedlichsten Arten garen. Wenn man ihn mit etwas Zitronensaft beträufelt oder ihn in Milch kocht, verhindert man, dass er sich bräunlich verfärbt.

Besonders lecker ist er gedünstet und mit in Butter gerösteter Brötchenkrume übergossen oder mit kräftigem Käse überbacken.

Brokkoli

Brokkoli ist aufgrund seines hohen Gehalts an Mineralstoffen, Vitaminen und sekundären Pflanzenstoffen mindestens so beliebt wie der verwandte Blumenkohl. Beim Brokkoli isst man ebenfalls die noch nicht voll entwickelten Blütenstände. Aber an seinen Röschen sind die Knospen schon gut zu erkennen. Auch die Stängel und die Blätter kann man verwenden – sowohl roh als auch gegart. Seine italienische Herkunft lässt sich am besten zur Geltung bringen, indem man ihn schonend – noch bissfest – dünstet und mit reichlich Knoblauch, gerösteten Pinienkernen und Olivenöl unter Spaghetti mischt.

Grünkohl

Grünkohl ist in Norddeutschland Kult. Jede Region hat ihre typische Zubereitungsart: Mal werden die Kohlblätter nur grob zerrupft, mal durch den Fleischwolf gedreht und mit Getreide gemischt. Mal kommt reichlich Zucker zum Kohl, mal wird er mit Zwiebeln verfeinert. Auch die deftigen fleischlichen Beilagen sind lokal festgelegt: Neben Brat- oder Salzkartoffeln gibt es Bregen- oder geräucherte Mettwurst, Kassler, Rippchen oder Suppenfleisch. Für mich gehört auch immer eine gehörige Portion Senf zum zünftigen Grünkohlgelage. KH

Seit ein paar Jahren ist Grünkohl der neue Gemüse-Star in der Familie der Kohlgewächse. Denn er wartet mit lauter Superlativen auf: So hat er neben den Senfölglykosiden und dem höchsten Vitamin-C-Gehalt aller Kohlsorten auch viel Vitamin K und den höchsten Gehalt an Betacarotin aller Lebensmittel zu bieten. Doch am besten kann man all diese Inhaltsstoffe in strotzende Gesundheit umsetzen, wenn man Grünkohl roh verzehrt. So kann man ihn als pikanten Snack in Form von Chips genießen, ihn als Smoothie trinken oder zu einem aromatischen Salat verarbeiten.

Rosenkohl

Rosenkohl ist im deutschsprachigen Raum auch als Brüsseler Kohl bekannt. Die Pflanze bildet im ersten Jahr einen hohen Stängel, in dessen Blattachseln sich kleine feste Röschen (Blattknospen) entwickeln. Erntet man sie nicht, treiben sie im nächsten Frühjahr aus und blühen. Die Haupterntezeit liegt in den Monaten November und Dezember.

Beim Rosenkohl scheiden sich die Geister. Ich finde, es kommt auf die Zubereitung an. Kocht man die grün-weißen Röschen, bis sie matschig-bräunlich fast zerfallen und einen starken Kohlgeruch verströmen, sind sie auch nicht »meins«. Passt man aber den

Punkt ab, an dem sie noch eine Spur Biss und ihre frisch-grüne Farbe haben, sind sie köstlich – z.B. in Kombination mit Kartoffeln, Walnüssen und Käse.

Rotkohl

Die Köpfe der Rotkohlsorten sind meist deutlich kleiner als beim Weißkohl. Genau wie dieser punktet er mit hohem Vitamin-C- und Senföl-Gehalt. Darüber hinaus besitzt er Anthocyane, sekundäre Pflanzenstoffe, die das Immunsystem stärken sollen. Neben Grün- und Weißkohl ist Rotkohl ein typisches Wintergemüse, das auch gut roh als Salat verzehrt werden kann. Typische Gewürze für gekochten Rotkohl sind Nelken und Piment, Muskatnuss und Lorbeerblätter. Oft wird dem Rotkohl beim Kochen noch ein säuerlicher Apfel beigegeben.

Spitzkohl

Der kegelförmige Spitzkohl ist nah mit Weißkohl verwandt. Seine großen, meist hellgrünen Blätter sind jedoch zarter und haben einen dezenteren Geschmack. Übrigens gibt's Spitzkohl auch in rot. Er eignet sich daher besonders gut für Rohkostsalate. Eigentlich ist Spitzkohl gar kein richtiges Wintergemüse, denn als früheste Kohlsorte kann man ihn bereits im Frühjahr kaufen. Mein Tipp: Ich verwende ihn als Salatbasis für frische (Wild-)Kräuter der Saison.

Weißkohl

Kompakt, rund und oft riesig – so sieht ein typischer Weißkohlkopf aus. In der Mitte Deutschlands heißt er auch Kappes, im Norden in Dithmarschen nennt man die abgeflachte Form Ackerpille. Im Süden kennt man ihn unter der Bezeichnung Weißkraut.. Er ist ausgesprochen reich an Vitamin C und antibiotischen Senfölglykosiden – also prädestiniert als gesundes Wintergemüse. Die Inhaltsstoffe bleiben besonders gut erhalten, wenn man ihn roh zu Salat verarbeitet, etwa deftig-pikant mit Zwiebeln und Peperoni. Nicht wegzudenken ist der Weißkohl aus kräftigen Eintöpfen oder den traditionellen Kohlrouladen. Aus einem Großteil der Ernte wird durch Stampfen, Salzen und einer Milchsäuregärung unter Luftabschluss das Sauerkraut

Kokos

Ein wichtiger Geschmacksträger in vielen veganen Rezepten und z.B. der indischen Küche ist Kokos. Gewonnen werden sowohl Kokosmilch als auch Kokosflocken aus der Kokosnuss, dem Samen der Kokospalme.

Botanisch ist die Kokospalme interessant, weil sie am Strand unter ständigem Salzwassereinfluss steht und mit dem Meer ihre Samen verbreitet. Die Kokosnüsse kullern mit ihrem dicken Pelz aus Kokosfasern ins Meer und werden vom Wasser weggeschwemmt. In Versuchen konnte nachgewiesen werden, dass die Samen auch nach 100 Tagen im Salzwasser noch keimfähig waren. Wenn also die Nuss irgendwann wieder an den Strand gespült wird und das Klima warm genug ist, kann dort eine neue Kokospalme wachsen. Deshalb gibt es rund um den Globus in den passenden Klimazonen Kokospalmen am Strand.

Die frische Kokosnuss enthält das Kokoswasser, das inzwischen auch bei uns gekauft werden kann. Es ist ein durstlöschendes (und steriles) Getränk direkt aus der Nuss. Alle anderen Kokosprodukte für die Küche werden aus dem bearbeiteten Kokosfruchtfleisch hergestellt. Das Kokosöl ist das Fett des Fruchtfleisches.

Kokosmilch

Kokosmilch wird durch Pürieren des Fruchtfleisches mit Wasser und anschließendes Auspressen gewonnen. Wenn man Kokosmilch verwenden möchte, bieten sich die Dosen an. Hier gibt es allerdings deutliche Unterschiede in der Zusammensetzung. Grundsätzlich gibt es solche, die tatsächlich nur aus Kokosfleisch und Wasser bestehen (in bio), und solche, die diverse Zusatzstoffe enthalten, z.B. Verdickungsmittel, Emulgatoren und Antioxidationsmittel (oft konventionell). Es lohnt sich, die Etiketten zu lesen und nach Dosen mit puren Zutaten zu suchen; preislich scheinen sie sich nicht wesentlich zu unterscheiden.

Eine Alternative ist »Creamed Coconut«: Das kann man in kleinen Blöcken kaufen. Diese Blöcke werden aus frischem geraspelten Kokosfleisch hergestellt. Dieses wird zerkleinert und stark gepresst, bis das Fett austritt, mit dem es dann vermengt und zu einer Paste verarbeitet wird. Creamed Coconut ist bei Zimmertemperatur fest und kann mit dem Messer geschnitten werden. Oberhalb ca. 23° C wird es weich bis flüssig. Hier sind auf jeden Fall keine Zusatzstoffe enthalten, und man kann das Fett, das im oberen Ende deutlich erkennbar ist, zum Anbraten nehmen und beim weiteren Kochen nach Geschmack entscheiden, wie viel vom Kokosfleisch man am Gericht braucht.

Lebensmittel retten

Reste lassen sich nicht immer vermeiden. Aber meistens kann man mit dem Übriggebliebenen kreativ Neues zaubern. Trockenes Brot, die Brötchen vom Wochenende, eine schon braune Banane, gekochte Kartoffeln oder Gemüse vom Vortag – sie können alle Zutaten für neue Speisen sein.

Das Mindesthaltbarkeitsdatum (MHD) ist eine nach EU-Recht vorgeschriebene Kennzeichnung auf verpackten Lebensmitteln. Es ist ein Mindesthaltbarkeits- und kein Verfallsdatum, d.h. es gibt an, bis zu welchem Termin man ein Lebensmittel bei sachgerechter Aufbewahrung ohne Geschmackseinbußen mindestens essen kann. In der Regel ist es auch nach dem angegebenen Datum noch verzehrbar – je nach Lebensmittel vielleicht sogar deutlich länger.

Oft ist es sinnvoller, mit allen Sinnen zu prüfen, ob Lebensmittel noch verzehrbar sind, statt sich nur nach dem MHD zu richten. Gerade Backwaren, Obst und Gemüse, Milchprodukte und Eier lassen sich gefahrlos auf diese Weise beurteilen: Riecht die Vollmilch schon leicht säuerlich? Hat der Quark einen ungewohnt stechenden Beigeschmack? Oder sind am Rand des geöffneten Joghurt-Glases kleine Schimmelflecken zu erkennen?

Nein? Alles in Ordnung? Dann ist es Zeit für Milchreis oder Pudding (Milch wird noch einmal erhitzt), einen Quarkauflauf oder einen Kräuterquark, für einen indischen Lassi (mit Joghurt) oder einen Milch(produkt)-Shake.

Doch was mache ich, damit meine Lebensmittel nicht schlecht werden? Ganz einfach:

Bedarfsgerecht einkaufen und immer im Kopf haben, was noch da ist! Und vor dem nächsten Einkauf in den Kühlschrank schauen – dann kann man rechtzeitig vor Erreichen des MHD alles verwerten.

Kühlen: Frische Lebensmittel im Kühlschrank zu lagern, erhöht vielfach die Haltbarkeit.

Einfrieren: Gare Speisen kann man in vielen Fällen in gut schließenden Gefrierdosen einfrieren. Bei Kartoffelgerichten (oder anderen sehr stärkehaltigen Essen) geht beim Einfrieren die Stärkebindung verloren. Eine Kartoffelsuppe muss man auf jeden Fall wieder sacht aufkochen, damit sie wieder sämig ist. Eingefrorene Gerichte sollten nach Möglichkeit vollständig aufgetaut sein, bevor man sie heiß macht, das spart Energie.

Einkochen: Wenn im Sommer Himbeer-, Erdbeer-, Johannisbeer- und Kirschzeit ist, koche ich gern rote Grütze für den Winter. Früher habe ich sie immer portionsweise eingefroren. Inzwischen nehme ich portionsgroße Marmeladengläser mit Twist-off-Deckel und spüle sie mit kochendem Wasser aus. Dann kann man die kochend heiße rote Grütze in diese Gläser abfüllen, wie beim Marmeladekochen schnell verschließen und auf den Kopf stellen. Dann sind sie bis zum Winter haltbar.

Trocknen: Um z.B. Pfefferminztee selbst zu machen (oder getrocknete Kräuter zum Würzen), hängt man sie einfach in kleinen Sträußchen in eine dunkle Ecke eines Zimmers, wo zwar belüftet wird, aber keine Sonne hinscheint. Sie bleiben dort, bis die Blätter sich mit den Fingern zerbröseln lassen. Dieser Kräutertee hält in Blechdosen mit Deckel lange sein Aroma.

Auch Obst, das nicht zu viel Wasser enthält, kann man gut durch Trocknen haltbar machen. Äpfel werden mit einem Apfelausstecher entkernt, dann schneidet man sie in Ringe und trocknet sie auf der Leine an einem trockenen, gut belüfteten Ort oder im Backofen, bei leicht geöffneter Tür und geringer Temperatur (50° C). Danach luftdicht aufbewahrt, kann man sie auch Monate später essen.

Und so kann man Reste verwerten:

Wenn die **Reisbeilage** mal zu üppig war, kann man die Reste super zu einer Reispfanne verarbeiten. Dazu in einer beschichteten Pfanne erst eine gehackte Zwiebel und danach ein paar Lieblingsgemüse anbraten. Dazu kann man sowohl gekochtes Gemüse nehmen (wenn es auch davon Reste gibt, z.B. Kartoffeln, Möhren, Bohnen, Mais etc.) als auch rohes. Dann sollte man nur darauf achten, dass das rohe etwas kleiner geschnitten ist und zuerst in die Pfanne kommt. Bei mittlerer Hitze braten, bis sie deutlich angebräunt sind (Röstaromen, lecker!!), dann evtl. das gekochte Gemüse dazugeben. 2 Eier mit einem Schluck Milch aufschlagen und mit Salz (oder Sojasoße) und Pfeffer (wer mag auch Curry und/oder Kreuzkümmel, Muskat oder etwas Ras el Hanout) würzen und mit in die Pfanne tun. Jetzt Herd auf kleinste Stufe stellen und einen Deckel auf die Pfanne setzen. Nach wenigen Minuten noch einmal umrühren und weitergaren, bis das Ei gestockt ist. Dann final abschmecken und »restlos« aufessen.

Aus **Kartoffeln** kann man außer dem Klassiker »Bratkartoffeln« (s. S. 120) sehr gut eine spanische Tortilla machen. Ich mag diese Art von Eierkuchen mit Gemüse tatsächlich am liebsten mit mehreren Gemüsesorten. Alles, was man gut anbraten kann, ist geeignet. Allerdings rate ich dazu, rohes Wurzelgemüse vorher je nach Kochzeit mindestens zu blanchieren. (Blanchieren = Gemüse putzen und klein schneiden und in Wasser aufkochen. Bevor es weich ist, den Topf vom Herd nehmen und abgießen. Anschließend sofort mit sehr kaltem Wasser abschrecken und abkühlen.) Für zarte Gemüsesorten wie Bohnen, Erbsen oder sehr klein geschnittenen Blumenkohl ist das nicht nötig.

Auch die Tortilla beginnt mit einer gewürfelten und angebratenen Zwiebel. Dann kommen klein geschnittene Kartoffeln und das blanchierte Gemüse dazu und werden angebraten. Dann (für eine mittelgroße Pfanne) 4 bis 5 Eier mit etwas Milch aufschlagen, salzen und pfeffern. Den Herd auf kleine Stufe runterschalten und die Eiermilch auf das Gemüse geben, es sollte weitestgehend bedeckt sein. Wenn eine Tomate zur Hand ist, bringt sie noch etwas Pfiff und ein paar hübsche Farbflecken aufs Gericht, wenn man sie in dünne Scheiben schneidet und oben auf die Tortilla legt. Nun einen Deckel auf die Pfanne legen und mindestens 20 Minuten auf kleinster Stufe garen lassen. Wenn danach oben noch flüssiges Ei zu sehen ist, stelle ich meine ofentaugliche Pfanne (keine Kunststoffteile) gern noch 5 Min. auf einer mittleren Schiene unter den eingeschalteten Grill im Backofen. Wenn die Pfanne nicht ofentauglich ist, muss man einfach etwas geduldiger sein.

Altes Brot kann man mit einer Reibe zu selbst gemachten Semmelbröseln verarbeiten (dann kann man

an dem Tag auch das Fitnessprogramm streichen!) oder zu süßen oder salzigen Aufläufen verarbeiten. In diesem Buch gibt es dazu das Rezept der »Armen Ritter« (s. Seite 102).

Aus gekochten Gemüseresten kann man ganz schnell eine pürierte Suppe oder eine Soße für Nudeln machen. Das Gemüse wird dazu mit dem Pürierstab zerkleinert, evtl. mit saurer oder süßer Sahne bzw. Kokosmilch verfeinert und kräftig gewürzt. Ist das Gemüse noch roh, kann man daraus z.B. eine gemischte Gemüsepfanne oder ein Gemüsecurry zubereiten.

Obstreste – sogar überreife Bananen oder schrumpelige Äpfel – können die Grundlage für köstliche Nachtische und Milchshakes für Zwischendurch bilden. Ich rühre sie klein geschnippelt gern unter Quark oder Joghurt, püriere sie mit Butter- oder Vollmilch zu einem Milchshake oder reiche sie als aufgekochte Fruchtsoße zu Vanillepudding oder Eis. Auch in unterschiedlichen Salaten machen sich Früchte in kleinen Mengen wunderbar.

Milch

Milch ist ursprünglich zur Ernährung eigener Jungtiere gedacht. Eine Kuh kann also erst dann Milch geben, wenn sie ein Kalb hat. Wenn sie auch nach dem Absetzen des Kalbes regelmäßig weiter gemolken wird, funktioniert die Milchproduktion bis zu einem Jahr weiter. Dann muss die Kuh wieder trächtig werden. Die meiste Milch, die bei uns in verschiedenen Milchprodukten verzehrt wird, stammt von der Kuh. Aber auch Schafs- oder Ziegenmilch kann man als Käse, Quark oder Joghurt kaufen.

Um möglichst großen Milchertrag zu haben, werden die Kälber meist nur sehr kurz bei den Muttertieren belassen und von ihnen ernährt. Es gibt aber Bauern, die das nicht mitmachen. Wem das Tierwohl am Herzen liegt, kauft also nur Milch von Höfen, auf denen die Kälber länger bei den Muttertieren bleiben.

Je nach Klimazone, Land und Region entstehen durch die verschiedensten Verarbeitungsschritte die unterschiedlichsten Produkte.

Milch – Fettgehalte und Verarbeitungstypen

Die **Rohmilch** vom Bauern direkt vom Hof ist völlig naturbelassen und behält dementsprechend ihren natürlichen Fettgehalt von 3,5–5,0 Prozent. Als filtrierte und verpackte **Vorzugsmilch** darf sie auch im Handel verkauft werden.

Traditionell hergestellte **Frischmilch** ist pasteurisiert, also bei etwas über 70° C wärmebehandelt. Als **Vollmilch** besitzt sie einen Fettgehalt von mindestens 3,5 Prozent. Auch bei ihr setzt sich das Fett oben als sahnige Schicht ab.

Ist die pasteurisierte Milch homogenisiert, ist das Fett gleichmäßig verteilt. Sie wird bei uns nicht nur als Vollmilch, sondern auch mit reduziertem Fettgehalt mit 1,5–1,8 Prozent als **fettarme Milch** und mit max. 0,5 Prozent als **entrahmte Milch** angeboten.

Die sogenannte **ESL-Milch** (Extended shelf life) ist am Vermerk »länger haltbar« zu erkennen. Sie ist bei höheren Temperaturen pasteurisiert, homogenisiert und durch einen Mikrofilter gepresst.

Die homogenisierte **H-Milch** schließlich ist bei über 135° C ultrahocherhitzt und dadurch sehr lange haltbar.

Milchprodukte

Dickmilch ist saure Milch, die durch natürliche Milchsäuregärung bei Zimmertemperatur entsteht. Wenn man sie länger (2–3 Tage) stehen lässt, wird sie durch die Gerinnung dick. Zu Hause kann man Dickmilch nur aus Rohmilch und nicht-homogenisierter Milch selber machen, alle anderen Milchsorten werden eklig bitter. Wir haben früher zum Abendessen oft selbst gemachte Dickmilch gegessen, auf die wir Zucker und Schwarzbrotstückchen gestreut haben.

Joghurt entsteht ebenfalls, wenn Milch sauer wird. Es sind nur andere Milchsäurebakterien als bei der Dickmilch beteiligt, und in der Regel findet die Gärung bei etwas höheren Temperaturen statt (42–45° C). Joghurt gibt es mit ca. 3,7 Prozent Fettgehalt, fettarm mit 1,5 Prozent oder als Sahnejoghurt mit 10 Prozent Fett. Die industriell hergestellten Fruchtjoghurts enthalten oft Verdickungsmittel, viel Zucker, Aromen, Emulgatoren und auch Farbstoffe und nur wenig Obst. Wem das nicht schmeckt, kann sich mit frischen

Früchten und Naturjoghurt schnell und einfach einen köstlichen Nachtisch zubereiten.

Kefir ist auch ein Sauermilchprodukt. Für die Gärung sind neben den Milchsäurebakterien auch Hefen verantwortlich, die CO_2 und (sehr wenig) Alkohol bilden.

Sahne oder Rahm sind die fettreichen Bestandteile, die sich auf der Milch absetzen.

Butter besteht zu mehr als 80 Prozent aus Milchfett, das aus Sahne durch Schlagen und Kneten hergestellt wird. Jeder, der einmal zu eifrig Schlagsahne machen wollte, kennt das: Auf einmal hat man statt der fluffigen creme-weißen Sahne für den Obstkuchen gelbliche Klumpen in wässriger Flüssigkeit in der Schüssel.

Es gibt **Süßrahmbutter** und durch den Zusatz von Milchsäurebakterien **Sauerrahmbutter**.

Bei der Butterherstellung aus Rahm bleibt neben dem festen Butterkorn Flüssigkeit zurück – die **Buttermilch**. Sie hat meist einen Fettgehalt von weniger als 1 Prozent.

Quark ist das ausgefällte Milcheiweiß, das aus der Milch durch Zugabe von Lab (einem Enzym), Milchsäurebakterien oder Essig entsteht. Die abgetrennte Flüssigkeit (Molke) wird vollständig abgegossen, und zurück bleibt der weiche bis krümelige Quark.

Quark wiederum ist die Basis für die Herstellung von **Käse**. Je nach Reifeprozess und Konsistenz werden z.B. Frisch- und Schmelzkäse, Weich-, Schnitt- und Hartkäse, Blauschimmel- und Weißschimmelkäse unterschieden. Je länger der Käse in der Käserei gelagert wird, desto mehr Wasser verdunstet er. So entstehen Hartkäse wie z.B. der Parmesan. Sie sind meistens ziemlich salzig und eher krümelig. Je weniger Wasser ein Käse enthält, desto länger ist er haltbar.

Siegel und Logos

Bio und ökologisch, klimafreundlich und nachhaltig – diese Begriffe werden inzwischen fast inflationär benutzt. Doch wer blickt da noch durch? Was bedeuten sie für unsere Ernährung? Und was sagen uns die Siegel auf den Verpackungen?

Die Begriffe **ökologische Landwirtschaft**, **biologische Landwirtschaft** oder **Ökolandbau** bezeichnen die Herstellung von Nahrungsmitteln und anderen landwirtschaftlichen Erzeugnissen auf Grundlage möglichst naturschonender Produktionsmethoden unter Berücksichtigung von Erkenntnissen der Ökologie und des Umweltschutzes. So verzichtet die ökologische Landwirtschaft beim **Anbau von Pflanzen** auf den Einsatz bestimmter Pflanzenschutzmittel sowie auf Mineraldünger. Der Einsatz von Gentechnik wird abgelehnt.

Die ökologische **Tierhaltung** basiert auf artgerechter Haltung und der Bevorzugung von widerstandsfähigen Rassen. Eine extensive Haltung ist vorgeschrieben. Der Zukauf von Futtermitteln ist reglementiert. Vorbeugender Antibiotikaeinsatz und der Einsatz von Wachstumsförderern ist verboten.

Den Erzeugnissen der ökologischen Landwirtschaft sollen vor dem Verkauf als Bio-Lebensmittel keine Geschmacksverstärker, künstliche Aromen oder Farb- und Konservierungsstoffe zugefügt werden.

Bio-Siegel

Staatliches Biosiegel

Lebensmittel mit diesem Siegel unterliegen den EU-Rechtsvorschriften für den ökologischen Landbau. Nur Produkte mit Siegel dürfen die Begriffe *Bio-, Öko-, biologisch, ökologisch, kontrolliert ökologisch, kontrolliert biologisch, biologischer Landbau, ökologischer Landbau, biologisch-dynamisch* und *organisch-biologisch* verwenden.

Auf der Packung befindet sich eine sog. **Kontrollstellennummer** (Beispiele: **DE-Öko-099, NL-Bio-01**) mit dem Ländercode (**DE** oder **NL**), der vom Mitgliedsstaat vergebenen Abkürzung für ökologische Produkte (**Öko** oder **Bio**) und der 2- bzw. 3-stelligen Kennnummer für die zuständige Kontrollstelle (**099** oder **01**).

Anbauverbände

Viele ökologisch arbeitende landwirtschaftliche Betriebe haben sich in Anbauverbänden zusammengeschlossen. Deren Verpflichtungen im Pflanzenbau und in der Tierhaltung gehen z.T. weit über die EU-rechtlichen Vorgaben hinaus. Die **Kreislaufwirtschaft** ist ein wichtiges Kennzeichen des ökologischen Landbaus bei Anbauverbänden

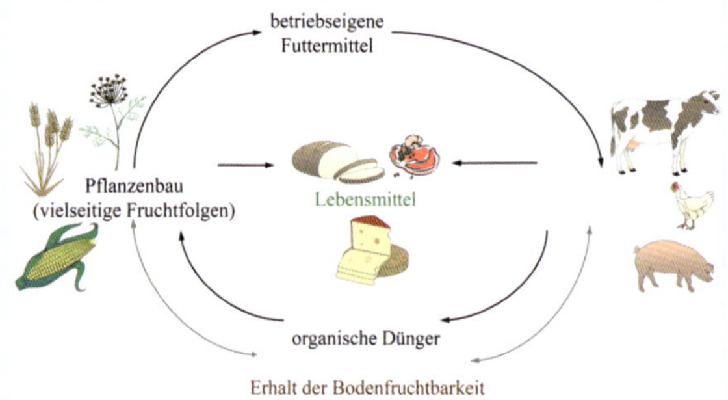

Die bekanntesten sind

1. Naturland, eine der weltweit größten Zertifizierungsorganisationen für Ökoprodukte

2. Bioland: in Deutschland der größte Anbauverband, mit organisch-biologischer Wirtschaftsweise

3. Demeter: mit biologisch-dynamischer Wirtschaftsweise

4. Biopark und Gäa, die ihren Schwerpunkt in den nordöstlichen bzw. östlichen Bundesländern haben

5. Ecovin: Bundesverband für ökologischen Weinbau

Ökologisch wirtschaftende Bauern und Bäuerinnen – besonders in den Anbauverbänden – repräsentieren eine **positive Landwirtschaft**, weil sie Boden, Wasser und Luft sowie die Artenvielfalt als Lebensgrundlagen erhalten. Außerdem wirtschaften sie klimaschonender als konventionelle Landwirtinnen und halten oft höhere soziale Standards in ihren Betrieben und beim Handel ein.

Neuland: kein Biosiegel, aber das Fleisch und die Fleischprodukte mit diesem Logo stammen aus artgerechter und umweltschonender Nutztierhaltung.

MSC: Logo des Marine Stewardship Council, kein Biosiegel, repräsentiert das weltweit führende Zertifizierungsprogramm für nachhaltig gefangenen Fisch und Meeresfrüchte.

Daneben gibt es auch **Siegel für den fairen Handel**.

Darunter versteht man den direkten Handel mit den Produzentengruppen. Es gibt eine Vorfinanzierung und langfristige Lieferbeziehungen sowie einen garantierten Mindestpreis, der die Lebenshaltungs- und Produktionskosten deckt. Außerdem wird eine Sozialprämie (Fair-Trade-Prämie) für Entwicklungsprojekte gezahlt.

Für das Logo der **GEPA** (»Gesellschaft zur Förderung der Partnerschaft mit der Dritten Welt«) gelten strengere Kriterien als für das Fairtrade-Siegel. Es gilt nicht nur für Anbau und Verkauf der Rohware, sondern für alle Verarbeitungsstufen eines Produkts.

Sprossen selber herstellen

Mit der Herstellung von Sprossen sollte man zwei Tage früher beginnen. Es geht am besten in einem Keimglas.

So geht's:

- Hülsenfrüchte – Linsen oder Mothbeans – auf einem Sieb waschen
- Über Nacht mit einem deutlichen Wasserüberstand einweichen
- Das überstehende Wasser abgießen und sie noch weitere zwei Tage 3- bis 4-mal am Tag spülen
- Wenn die Sprossen eine Keimwurzel und erste kurze Triebe ausgebildet haben, sind sie fertig. Ich empfehle, sie während der Keimzeit hin und wieder zu probieren, dann kann man seinen persönlichen Lieblingszeitpunkt zum Verzehr finden. Im Kühlschrank im Keimglas kann man sie dann noch etwa 2 Tage halten. Dann noch etwa einmal am Tag spülen
- Die meisten Keimgläser sind so angelegt, dass man sie schräg über Kopf abstellen kann, das sorgt dafür, dass überschüssiges Wasser ablaufen kann und gleichzeitig wenig Wasser verdunstet

Suppengrün

Suppengrün besteht in der Regel aus vier besonders aromatischen Gemüsesorten:

- Möhren: Sie geben ein leicht süßes angenehmes Aroma ab und sind auch ein Geheimtipp in anderen Gerichten, in denen man noch ein paar Hintergrundaromen braucht. Außerdem verleihen sie der Suppe ein paar Farbtupfer.
- Sellerie: Hier unterscheidet man Staudensellerie und Knollensellerie. Im Suppengrün kauft man in der Regel Knollensellerie, während man die grünen Stängel des Staudensellerie als frisches Gemüse in der Suppe oder im Salat verwendet. Knollensellerie hat ein sehr starkes Aroma, das etwas herb ist und daher gut dosiert sein will. Roh schmeckt er leicht süßlich, daher kann man beim Schnippeln auch gut ein wenig naschen.
- Porree / Lauch: Dieser Vertreter der Zwiebelfamilie rundet die anderen Zutaten des Suppengrüns ab und verstärkt die Aromen. Außerdem sorgen die dunkelgrünen Blätter dafür, dass die Brühe noch etwas Farbe bekommt.
- Petersilie / Petersilienwurzel: Als Würzkraut hat die Petersilie bei uns eine lange Tradition. Sie passt auch gut zu den anderen Würzgemüsesorten und gibt eine Menge Geschmack an die Brühe ab. Man kann sowohl die Wurzel als auch das Kraut verwenden.

Teigarten

Hefeteig zubereiten

Hefe kannst du frisch kaufen (ein 40-g-Stück aus dem Kühlregal) oder getrocknet (ein Tütchen, meist bei Backzutaten).

Hefe lebt: Die Hefepilze, die dafür verantwortlich sind, dass statt eines harten Mehlkantens ein fluffiges Brot entsteht, brauchen Kohlenhydrate, Wasser und Zeit, um Kohlendioxid zu produzieren. Dieses Gas macht dann das Gebäck luftig und locker. Wenn man den Teig für die zugegebene Menge Hefe zu lange »gehen« lässt, vermehren sich die Hefen zu stark, und man schmeckt sie sogar im fertigen Gebäck deutlich heraus. Genau so, wenn es zu warm ist. Also ist z.B. ein gutes Brot erheblich von der Hefemenge, der Zeitspanne vom ersten Kneten bis zum Backen und von der Temperatur abhängig. Lutz Geißler (»Brotbacken in Perfektion«) empfiehlt weniger als 1 g Hefe auf 1 kg Brot, lässt aber dann den Teig 24 Stunden gehen. Wenn man spontaner backen möchte (oder nur über Nacht, um am Morgen frisches Brot oder Brötchen oder einen ofenfrischen Pflaumenkuchen zu haben), kann man folgendes Rezept verwenden:

Salziger Hefeteig

Das brauchst du:

- **300 g Dinkel-Vollkornmehl**
- **20 g (½ Würfel) Hefe**
- **150 ml lauwarmes Wasser**
- **Einen Schuss Öl oder 50 g Butter**
- **1 TL Zucker,** - **1 TL Salz**

Süßer Hefeteig

(leichte Variante, sonst mit mehr Eiern und Butter)

Das brauchst du:

- **300 g Dinkel-Vollkornmehl**
- **20 g (½ Würfel) Hefe**
- **150 ml lauwarme Milch**
- **50 g Butter**
- **50 g Zucker**
- **1 Ei**
- **1 TL Salz**

So geht's:

- Zutaten vermischen und gründlich durchkneten
- abgedeckt mindestens 1 Std. an einem warmen Ort gehen lassen (in der Sonne am Fenster, über der Heizung, im auf 50° C vorgewärmten und ausgeschalteten Ofen), bis der Teig deutlich an Volumen zugenommen hat und elastisch geworden ist
- Wenn man den Teig über Nacht im Kühlschrank gehen lässt, kommt man mit deutlich weniger Hefe aus (statt einem halben Würfel nur ein Viertel)

Der salzige Hefeteig bietet eine ideale Unterlage für allerlei herzhaftes Gebäck aus dem Ofen, wie hier das Fladenbrot (S. 134), die Pizza oder den Zwiebelkuchen (S. 89). Den süßen Teig kann man mit Früchten belegen (Pflaumenkuchen, S. 66) oder kleine Pudding- bzw. Quarkteilchen daraus formen.

Mürbeteig zubereiten

Mürbeteig ist wie Rührteig nicht schwer herzustellen. Wenn du das Grundrezept und ein paar Tricks bei der Zubereitung kennst, kannst du damit viele unterschiedliche – süße und salzige – Kekse, Kuchen oder andere Dinge backen.

Der Mürbeteig ist ein Knetteig. Er lässt sich ruckzuck mit den Händen zusammenkneten. Es gibt ihn in salzig und süß und in fast unendlich vielen unterschiedlichen Zusammensetzungen. Als Grundzutaten sind immer Mehl und Butter (oder Öl plus Wasser) im Teig und meistens ein Ei.

Mürbeteig ist sehr vielseitig. Man kann nicht nur Kekse daraus backen (z.B. Haselnusskugeln, S. 103, Weihnachtsplätzchen, S. 127), sondern ihn auch als Boden für Obstkuchen oder Quarktorten verarbeiten. Wenn man den Zucker weglässt und stattdessen einen halben Teelöffel Salz dazugibt, kann man ihn auch als Boden für salzige Gemüsequiches (z.B. Zuccini-Quiche, S. 83) nehmen oder auch mit kräftigem Reibekäse Käseplätzchen backen.

Zutaten für einen süßen Mürbeteig

Das einfachste Rezept für einen süßen Mürbeteig hat sogar eine Formel, die man sich gut merken kann: 3 zu 2 zu 1. Es beschreibt das Mengenverhältnis der 3 wichtigsten Zutaten.

Das brauchst du:

- **300 g Mehl**
- **200 g Butter (ganz kalt, frisch aus dem Kühlschrank)**
- **100 g Zucker**
- **1 Ei**
- **1 Prise Salz**

So geht's:

- Mehl in die Schüssel geben und in der Mitte eine Mulde formen
- Das Ei aufschlagen und in die Mulde geben
- Die Butter mit dem Messer in Stückchen schneiden und auf den Mehlrand legen; die Butterstückchen können sich ruhig mit dem Mehl mischen
- Zucker und Salz über das Mehl streuen
- Die Zutaten mit der Gabel mischen
- Den Teig mit den Handflächen und Handballen möglichst schnell zu einer glatten Kugel formen. Es ist normal, dass der Teig etwas bröckelig bleibt
- Die Teigkugel wieder in die Schüssel legen und mit Folie oder einem sauberen Geschirrhandtuch abdecken. Jetzt kommt die Schüssel für mindestens eine Stunde in den Kühlschrank

Du kannst einen Mürbeteig prima schon einen Tag vorher zubereiten. Dann bleibt er über Nacht im Kühlschrank und du verarbeitest ihn am nächsten (oder übernächsten) Tag weiter zu Keksen, einem Kuchen oder anderem.

Quarkölteig zubereiten

Eigentlich ist der Quarkölteig eine Art Mürbeteig, schmeckt aber durch die leichte Säure vom Quark und durch Öl statt Butter anders. Er ist leicht herzustellen und kann je nach dem Verhältnis von Salz und Zucker für süßes oder pikantes Gebäck genutzt werden.

Salziger Quarkölteig

Das brauchst du:

- **125 g Quark (Magerquark oder mit 20% Fett)**
- **1 TL Salz**
- **½ TL Zucker**
- **2 Eier**
- **3 EL Olivenöl (oder ein anderes Öl)**
- **250 g Mehl**
- **1 Pck. Backpulver**

Süßer Quarkölteig

Das brauchst du:

- **150 g Quark (Magerquark oder mit 20% Fett)**
- **1 Prise Salz**
- **50 g Zucker**
- **4 EL (geschmacksneutrales) Öl**
- **2 EL Milch**
- **250 g Mehl**
- **1 Pck. Backpulver**

So geht's:

- Alle Zutaten mit einer Gabel mischen und mit den Händen zügig zu einem glatten Teigball verkneten. Wenn er zu fest oder gar bröselig ist, einfach mehr Öl zufügen

Rührteig zubereiten

Gerührt wird zwar auch bei anderen Teigen, aber beim Rührteig ist das Rühren für ein gutes Ergebnis besonders wichtig. Aber auch die Grundzutaten und die Reihenfolge, in der man sie zusammenfügt, unterscheiden den Rührteig, z.B. von einem Mürbeteig.

Das brauchst du:
Zu einem Rührteig braucht man immer diese 4 Zutaten (Die genauen Mengen und zusätzliche Zutaten findest du bei den einzelnen Rezepten: Sesamkekse, S. 40, Walnusskranz, S. 100):

1. **Butter (ganz weich und warm)**
2. **Zucker**
3. **Eier (in Zimmertemperatur)**
4. **Mehl**

So geht's:
Der Rührteig wird immer in 4 Schritten zubereitet:

- Die weiche Butter in die Schüssel geben und mit dem Rührgerät cremig rühren
- Zucker dazugeben und mit der Butter schaumig rühren (er darf nicht mehr körnig aussehen und beim Naschen knirschen)
- Die Eier einzeln aufschlagen und ganz zu der Butter-Zucker-Creme geben; jedes Ei gründlich verrühren
- Alles noch einmal länger auf hoher Stufe rühren
- Das Mehl löffelweise zu der Creme geben und möglichst schnell mit der Butter-Zucker-Eier-Creme vermischen. Nicht mehr so lange rühren, sonst wird der Teig zäh

Mit dem Teigschaber kannst du nun den Teig aus der Schüssel kratzen und z.B. in eine Kuchenform umfüllen.

Wilde Pflanzen: Sammelregeln

Beim Sammeln von Wildkräutern und Wildfrüchten stellen sich verschiedene Fragen:

Kenne ich diese Pflanze?
Ich muss sicher sein, dass ich sie von giftigen Pflanzen unterscheiden kann.

Ist das Pflücken an diesem Standort gut für meine Gesundheit?
Die appetitlichsten Kräuter findet man abseits von stark befahrenen Straßen und Wegen, an denen Hunde spazieren geführt werden. An intensiv bewirtschafteten Landwirtschaftsflächen ist eine Belastung mit Pestiziden zu erwarten.

Bin ich in einem Naturschutzgebiet, wo jegliches Betreten, Pflücken und Ernten verboten ist?
Die Regeln vor Ort kann man in der jeweiligen Naturschutzgebietsverordnung nachlesen.

Gibt es Löcher in den Blättern oder sonstige Fraßspuren?
Dann könnte es sein, dass diese Pflanze die Nahrungsgrundlage für Tiere ist. Das Ernten in der Natur ist für uns nicht Notwendigkeit, sondern Hobby. Daher haben wir eine besondere Verantwortung für unsere Mitgeschöpfe, die sich manchmal nur von einer Pflanzenart ernähren und nicht wie wir die Wahl haben, weiterzusuchen.

Gibt es ausreichend viele dieser Kräuter oder Früchte, so dass ich genügend für mich sammeln kann, ohne mehr als etwa 10 Prozent des Bestandes fortzunehmen?
Dann ist gewährleistet, dass auch für menschliche und tierische Mitinteressenten genug übrig bleibt und man hinterher nicht sehen kann, dass etwas fehlt.

Kann ich den Eigentümer der Pflanzen um Erlaubnis fragen?
Bei der Ernte auf öffentlichen Flächen begehen wir bei der Ernte »Mundraub«, wenn wir nicht die Zustimmung des Eigentümers haben.

Wintergemüse

Im Winter kann man aus dem Vollen schöpfen: Mit Kohl (Seite 144), Rüben & Knollen, Zwiebeln & Co. stehen uns lauter wohlschmeckende Energielieferanten zur Verfügung. Die meisten dieser Winterschätze lassen sich sowohl roh, fein geschnitten oder geraspelt im Salat als auch gegart in deftigen Eintöpfen, püriert als Suppen, solo als Gemüsebeilagen, überbacken in Aufläufen, in Kombination mit Kartoffeln und Hülsenfrüchten, abgeschmeckt mit altbewährten oder ungewohnt exotischen Gewürzen verwenden. Außerdem sind viele in der Saison unschlagbar günstig und üppig. Frische »Blätter« gibt es zusätzlich in Form von Radicchio und Chicorée sowie Feldsalat.

Rüben und Knollen

Die Pflanzen mit Rüben und Knollen verfolgen eine kluge Strategie, gut über den Winter zu kommen und im nächsten Frühjahr schnell startklar zu sein. Mit ihren verdickten Wurzeln und Sprossen schaffen sie eigene Vorratskammern für Nährstoffe und Wasser. Außerdem bieten sie eine geballte Ladung an Mineralstoffen und Vitaminen. Von diesem Speicher aus können sie schon zeitig bei den ersten wärmenden Sonnenstrahlen neue Blätter austreiben.

Viele dieser Gemüsesorten wie Steckrübe, Pastinaken und Petersilienwurzel waren zwischenzeitlich von Märkten und unseren Tellern verschwunden. Seit einigen Jahren erleben sie ein fulminantes und verdientes Comeback.

Mohrrübe (Karotte, Möhre oder Wurzel)

Die Mohrrübe, auch Karotte, Möhre oder Wurzel genannt, ist eine zweijährige Pflanze, deren verdickte Pfahlwurzel wir essen. Es gibt sie auch in gelben und violetten Varianten, und sie enthält viel Carotin. Da es sich um die Vorstufe des fettlöslichen Vitamins A handelt, tut man sich etwas Gutes, wenn man zu Möhren-Gerichten einen Schuss Öl oder einen Stich Butter hinzufügt.

Sand- bzw. Moormöhren, die man auf Wochenmärkten findet, sind sie oftmals süßer als ihre sauberen Kameraden. Durch das Waschen kann nämlich die Wurzelrinde verletzt werden, so dass die Pflanze Bitterstoffe als Abwehrmechanismus entwickelt. Kurz vor der Zubereitung kann man dann die Mohrrüben schrubben oder schälen.

Möhrchen eignen sich frisch und roh hervorragend zum Knabbern, vielleicht zusätzlich in einen Dip getaucht. Geraspelt oder in kleine Stückchen geschnitten sind sie eine schmackhafte Zutat für Salate. Und gekocht bereichern sie als Beilage viele Gerichte oder bilden eine wichtige Komponente in Suppen und Eintöpfen.

Rote, Gelbe und Ringel-Bete

Wer schon einmal Rote Bete roh für einen Salat verarbeitet hat oder auch nur geringe Mengen in die Suppe getan hat, kennt die Farb- und Färbekraft dieses Gemüses. Kein Wunder, dass sie als natürliche Lebensmittelfarbe eingesetzt wird. Die farbenfrohen Ringel- und Gelben Beten kommen nur solange zur Geltung, wie man sie von den Roten auf Abstand hält.

Beten haben eine dünne Schale, die man roh schälen oder gekocht pellen kann. Darunter liegt das feste, knackige Fleisch mit aromatischem, leicht erdigem Geschmack. Beten enthalten reichlich Kalium, Eisen, Zink und Folsäure. Auch wenn viele Rote Bete nur gekocht und sauer eingelegt aus dem Glas kennen, sind sie weitaus vielfältiger einsetzbar. Roh geraspelt oder sehr fein geschnitten ergeben sie eine farbenfrohe, erdig-süßliche Geschmackskomponente in Rohkostsalaten. Gekocht kann man sie in einer Saure-Sahne-Soße als Beilage reichen oder sie als Zutat in einem deftigen winterlichen Kohleintopf verwenden. Wie wäre es im Sommer mit einer kalten Rote-Bete-Suppe? Dazu püriert man Rote Bete, verrührt sie mit Buttermilch und Schmand und gibt Salatgurke sowie saure Gurken dazu. Abgeschmeckt wird mit reichlich Dill und anderen Kräutern.

Pastinake und Petersilienwurzel

Pastinaken und Petersilienwurzeln sehen sich auf den ersten Blick zum Verwechseln ähnlich; schaut man genauer hin, bemerkt man die äußerlichen Unterschiede, und beißt man hinein, offenbaren sie jeweils ihren eigenen Charakter. Der Geschmack der cremeweißen bis hellgelben Pastinaken ist mild und süßlich, so dass sie sich hervorragend für sämige Suppen und cremige Pürees eignen.

Petersilienwurzel war lange Zeit nur zusammengebunden mit Möhre, Sellerie und Lauch als Suppengemüse erhältlich. Nun erlebt sie als eigenständiges Gemüse ein Comeback. Aufgrund ihres hohen Gehalts an ätherischen Ölen kann sie mit ihrem kräftig-würzigen Geschmack viele Gemüse- und Kartoffelsuppen bereichern oder zu einer charakterstarken Beilage werden.

Knollen-Sellerie

Dieses Gemüse kann viel mehr als halb zerkocht und glasig in einem Eintopf schwimmen. Am kräftigen Aroma von Sellerie scheiden sich allerdings die Geister. Entweder man setzt ihn nur defensiv ein, um einer Gemüsebrühe Geschmack zu verleihen, oder man gibt der Knolle die Hauptrolle auf dem Teller. Dazu kann man den Sellerie zu Rohkostsalat raspeln, die vorgekochten Scheiben panieren und braten oder ihn gekocht zu cremigen Suppen verarbeiten. Zum herben Sellerie passen süße Herbstfrüchte wie Birnen oder Weintrauben oder farbliche Akzente wie Brombeer- oder Holunderbeermus.

Schwarzwurzel

Die außen dunklen und innen creme-weißen Wurzeln müssen zunächst einmal geschält werden. Am besten geschieht das mit Handschuhen oder eingetaucht in Essigwasser, ansonsten färbt der klebrige Milchsaft die Haut braun.

Schwarzwurzeln sind auch unter den Bezeichnungen Winterspargel oder »Arme-Leute-Spargel« bekannt. Neben Mineralstoffen und Vitaminen enthalten Schwarzwurzeln Inulin (für Diabetiker geeignet), das bei empfindlichen Menschen zu Verdauungsproblemen führen kann. Schwarzwurzeln sind – in Essigwasser vorgegart – als Auflauf mit Käse überbacken oder gedünstet und in Butter geschwenkt sehr lecker. Püriert ergeben sie eine herrlich samtige milde Suppe.

Meerrettich

Meerrettichpflanzen sind mit ihren großen dunkelgrünen Blättern und weißen Blüten eine imposante Erscheinung. Ihre walzenförmigen Pfahlwurzeln reichen tief in die Erde hinein. Diese Wurzel wird wohl kaum einer pur als Salat oder Gemüsebeilage verzehren. Schon beim Schälen und Raspeln treiben einem die Senföle die Tränen in die Augen. Aber die aromatische Schärfe von frischem Meerrettich bringt Geschmack an Soßen, Dips und Brotaufstriche.

Steckrübe

Die Steckrübe wird auch Kohl-, Butter- oder Runkelrübe genannt und gehört als Steckrübeneintopf und Rübenmus besonders in Norddeutschland zur traditionellen Küche. Steckrüben sind vielseitig einsetzbar, da sie – mit anderen Gemüsen gegart – leicht deren Geschmack annehmen. Zunächst schält man die Rüben, kann sie dann geraspelt als Salat einsetzen oder in kleine Stücke schneiden, mit Fett und Flüssigkeit dünsten und je nach Rezept weiter verarbeiten. Sie sind durch ihren hohen Wassergehalt recht kalorienarm.

Topinambur

Die eiförmigen bis länglichen Topinambur-Knollen haben eine dünne, beige- bis rosafarbene Haut und weißliches Fleisch. Man braucht sie nur gründlich abzuschrubben, nicht zu schälen. Ich esse sie am liebsten roh geraspelt, mit anderen Gemüsen zum Salat verarbeitet. Topinambur lässt sich aber auch gut kochen und in Suppen und Aufläufen einsetzen. Aufgrund ihres Inulin-Gehalts können die Knollen ähnlich wie Schwarzwurzeln bei empfindlichen Menschen zu Verdauungsproblemen führen.

Zucker

Zucker ist aus unserer Ernährung nicht wegzudenken. Dass er in großen Mengen genossen ungesund ist, hat sich herumgesprochen. Gleichzeitig wird in unserer Gesellschaft sehr viel davon konsumiert, und wir sind es von Kindheit an gewöhnt, dass alles sehr süß ist. Wenn man sich dessen bewusst ist, kann man versuchen, ein paar Bereiche der Ernährung zu finden, wo man ihn weglässt (z.B. Getränke), und andere Bereiche, wo man bewusst weniger Zucker nimmt. So kann man seinen Geschmack dahingehend schulen, dass man nichts entbehrt, wenn man die Süße reduziert.

Zucker aus Zuckerrüben (Mitteleuropa)
Unser »normaler« weißer Zucker, den wir für ein paar Cent im Supermarkt kaufen können, wird aus Zuckerrüben gewonnen, die in Deutschland großflächig industriell angebaut werden. Er ist wesentlicher Bestandteil in vielen verarbeiteten Lebensmitteln – sogar in einigen, die man erst mal gar nicht mit Zucker in Verbindung bringt wie Chips oder Ketchup.

Rohrohrzucker (Australien, Indien, Brasilien, Mexiko und die Westindischen Inseln)
Wie der Name schon sagt, wird Rohrohrzucker aus Zuckerrohr hergestellt. Er wird durch Erhitzen und Auskristallisieren des Saftes verarbeitet und sieht etwas bräunlicher aus als raffinierter Rübenzucker.Wir ziehen den Rohrzucker dem Rübenzucker trotz längerer Transportwege vor, weil er weniger industriell verarbeitet ist und deutlich besser schmeckt. Rübenzucker hat in reiner Form (z.B. Zuckerwürfel) einen stechenden Beigeschmack.

Vollrohrzucker (Herkunft s. Rohrohrzucker)
Dieser Zucker wird auch aus Zuckerrohr hergestellt, ist aber weniger weit verarbeitet als der Rohrohrzucker. Der Saft wird gewonnen und danach getrocknet und vermahlen. Wenn ein karamelliges Aroma in Gerichten erzielt werden soll, nutzt man Vollrohrzucker.

Wer diese Zuckerarten nicht so gut verträgt, aber auch keine Zuckeraustauschstoffe essen möchte, kann diese Alternativen probieren. Sie sind allesamt deutlich teurer als die oben genannten.

Agavendicksaft (Mittelamerika)
Agavendicksaft gewinnt man durch Anzapfen von Agavenblättern. In Mexiko wird er anschließend oftmals vergoren (Tequila, Mescal), aber als Zuckerersatz wird er eingedickt und kann dann 1:1 statt Zucker z.B. in Pudding oder Kuchenteig verwendet werden. Er hat keinen intensiven Eigengeschmack.

Apfeldicksaft (einheimisch)
Apfeldicksaft kann man selbst aus eingekochtem Apfelsaft herstellen. In Twist-off-Gläser heiß abgefüll, ist er lange haltbar.

Kokosblütenzucker (Afrika, Südostasien, Indien, Pakistan, Sri Lanka, Karibik, Südamerika)
Die großen Blütenstände der Kokospalme werden zu einer langen Rolle zusammengebunden. Dann wird zweimal am Tag ein kleines Scheibchen von der Spitze dieser Rolle abgeschnitten und diese anschließend mit der Schnittfläche in eine Flasche gehängt, die den herabtropfenden Nektar auffängt. Dieser wird anschließend aufgekocht und getrocknet, bis Kristalle entstehen. Der Geschmack dieses Zuckers ist intensiv karamellig. Man kann ihn im 1:1-Austausch verwenden.

Honig (einheimisch)
Dieses Süßungsmittel kann man sich meistens lokal besorgen, und es ist auch (jedenfalls vom Menschen) nicht aufwändig weiterbehandelt. Es hat aber einen intensiven Eigengeschmack, der zwischen den Sorten sehr unterschiedlich ist und nicht in jedes Gericht passt.

Ahornsirup (Kanada)
Er wird aus den aufsteigenden Pflanzensäften des Ahorns (Acer saccharum) im Frühling gewonnen. Die kurz vor den Blattaustrieb Richtung Krone aufsteigen-

den energiereichen Säfte werden durch Anzapfen mindestens 40 Jahre alter Bäume gewonnen und durch Kochen eingedickt.

Die verschiedenen Grade, die auf den Flaschen angezeigt sind, beziehen sich auf die Farbe und Lichtdurchlässigkeit des Sirups (A = sehr hell, zart im Aroma, C = deutlich dunkler, kräftig im Geschmack).

Zwiebelgewächse

Lauch / Porree

Lauch, auch Porree genannt, ist in den meisten Sorten so winterhart, dass er bis unmittelbar vor der Ernte auf dem Feld bzw. im Garten bleiben kann. Anders als bei Zwiebeln oder Knoblauch verwertet man beim Porree die eng umeinander liegenden Blätter – unten am Wurzelansatz weiß, weiter oben grün. Schwefelverbindungen verleihen ihm den charakteristischen Geruch oder Geschmack. Sein kräftiges Aroma passt hervorragend zur deftigen Herbst- und Winterküche, z.B. in Gemüsetarts, Eintöpfen oder Aufläufen. Die unteren zarten Teile lassen sich klein geschnitten auch gut in Rohkostsalaten verarbeiten.

Zwiebel

Der Ausdruck Zwiebel steht sowohl für die sehr sortenreiche Kulturpflanze Allium cepa als auch für ihr typisches Speicherorgan, das jedoch auch andere Pflanzen besitzen. Allerdings ist es bei denen meistens giftig. Die essbare Küchenzwiebel ist eine der ältesten Kulturpflanzen der Menschheit und zählt zu den am weitesten verbreiteten Gemüsearten. Sie wird gehackt oder in Ringe geschnitten roh, gedünstet oder angebraten als Zutat in Salaten, Suppen und diversen Gerichten verwendet. Sie kann aber auch Hauptkomponente sein, so zum Beispiel im Zwiebelkuchen oder in der Zwiebelsuppe. Sobald Zwiebeln gegart werden, sind sie leichter verdaulich, und ihr Zuckergehalt steigt. Vorher treiben einem die schwefelhaltigen ätherischen Öle Tränen in die Augen und können den Magen reizen.

Knoblauch

Knoblauch *(Allium sativum)* besteht aus einer mehrteiligen Zwiebel, die von dünnen weißen bis rötlichen trockenen Häuten umgeben ist. In der sogenannten Knoblauch-Knolle gruppieren sich 5 bis 10 Nebenzehen um eine Hauptzehe.

Noch vor zwei Generationen war Knoblauch bei uns in der Küche kaum bekannt. Man mokierte sich eher über den Mund- und Körpergeruch von Menschen, die Knoblauch gegessen hatten. Die Abbauprodukte der schwefelhaltigen Inhaltsstoffe vom Knoblauch werden tatsächlich sowohl über die Haut als auch über die Lungenbläschen ausgeschieden. Im Mittelmeerraum, im Nahen Osten und in weiten Teilen Asiens ist Knoblauch als Gewürz und Gemüse dagegen schon lange in der Küche präsent. Sein scharfes Aroma gibt vielen traditionellen Gerichten ihren charakteristischen Geschmack, z.B. griechischem Tsatsiki, spanischer Sopa de ajo oder italienischen Spaghetti aglio e olio. Dazu werden die Knoblauchzehen fein gehackt oder ausgepresst. Sie können den Gerichten roh zugegeben werden, oder man kocht oder brät sie kurz mit und lässt sie dann ziehen.

Stichwortverzeichnis

Salate

Suppen

Hauptgerichte

Nachtische

Extras

Getränke

© Andreas Fromm

KH und LO sind studierte Biologinnen und arbeiten in und um Hamburg als Umweltpädagoginnen.

Beide bemühen sich um ein Leben im Rhythmus der Jahreszeiten. Sie mögen die Verheißungen des Frühlings und die Leichtigkeit des Sommers, die kulinarische Vielfalt des Herbstes und die Üppigkeit des Winters.

Die Autorinnen sind seit 2014 NUN-zertifizierte Bildungspartnerinnen für Nachhaltigkeit. www.nun-zertifizierung.de

Beim KJM Buchverlag sind bereits ihre Bücher zur WILDEN KÜCHE erschienen (siehe S. 163).

Kochen mit dem, was draußen wächst

HEIMATKÜCHE

Katharina Henne & Lore Otto
Wilde Küche
Was wächst denn da & kann man das essen?
Pflanzen, Rezepte, Interviews
128 Seiten, 13,5 x 20,4 cm
Hardcover mit Schutzumschlag
vierfarbig mit vielen Abbildungen, 16,00 € (D)
ISBN 978-3-96194-049-3

Katharina Henne & Lore Otto
Wilde Küche
Was wächst denn da &
wie kann man es erkennen?
Frühlings-Heft KRÄUTER
64 Seiten, 11,6 x 16,8 cm, geheftet
Vierfarbig mit vielen Abbildungen
8,00 € (D)
ISBN 978-3-96194-050-9

Katharina Henne & Lore Otto
Wilde Küche
Was wächst denn da &
wie kann man es erkennen?
Herbst-Heft FRÜCHTE
64 Seiten, 11,6 x 16,8 cm, geheftet
Vierfarbig mit vielen Abbildungen
8,00 € (D)
ISBN 978-3-96194-051-6

Katharina Henne & Lore Otto
Wilde Küche: Rezeptpostkarten
12 Karten, 12 x 17,5 cm
mit einer Banderole
12,00 € (D) VK: einzeln 1,20 € (D)
ISBN 978-3-945465-58-5

www.kjm-buchverlag.de

Das Wissen des Apfelmanns

Eckart Brandt ◆ Schmeckt!
Neues vom Apfelmann
Geschichten, Apfelwissen, Medizinisches,
Sorten & Bäume, Gewusst wo
128 Seiten, 13,5 x 20,4 cm
Hardcover mit Schutzumschlag
vierfarbig mit vielen Abbildungen
16,00 € (D)
ISBN 978-3-945465-09-7

Eckart Brandt
Das Bienenbuch vom Apfelmann
Geschichte & Mythos,
Tradition & Aktuelle Trends,
Haltung & Tipps
128 Seiten, 13,5 x 20,4 cm,
Hardcover mit Schutzumschlag
vierfarbig mit vielen Abbildungen
16,00 € (D)
ISBN 978-3-96194-047-9

Eckart Brandt ◆ Die alten Sorten
Der Boomgarden Park
Neue Tipps für den Hausgarten
Äpfel, Birnen, Kirschen und Pflaumen
144 Seiten, Paperback, 13 x 20 cm
Mit vielen vierfarbigen Abbildungen
15,00 € (D)
ISBN 978-3-96194-085-1

www.kjm-buchverlag.de

KJM Buchverlag

Mehr zu den Büchern des KJM Buchverlags:
www.kjm-buchverlag.de

Notizen

Notizen

Notizen